명품 인생을 만드는 **10**년
법칙

명품 인생을 만드는
10년 법칙

1판 1쇄 발행 2006년 2월 20일
1판 16쇄 발행 2011년 9월 15일

지은이 공병호 **펴낸이** 김영곤 **펴낸곳** (주)북이십일 21세기북스
편집 김선미 **마케팅·영업본부장** 최창규 **영업** 이경희 박민형 **마케팅** 김현유 강서영
출판등록 2000년 5월 6일 제10-1965호
주소 (우413-756) 경기도 파주시 교하읍 문발리 파주출판단지 518-3
대표전화 031-955-2100 **팩스** 031-955-2151 **이메일** book21@book21.co.kr
홈페이지 www.book21.com **트위터** @21cbook **블로그** b.book21.com

값 10,000원
ISBN 978-89-509-0839-3 13320

명품 인생을 만드는 **10**년
법칙

공병호

21세기북스
www.book21.com

CONTENTS

10년 법칙이란 무엇인가?

02

CONTENTS

10년 법칙을 어떻게 적용할 것인가?
03

10년 법칙을 어떻게 완성할 것인가?

04

보이지 않는 것에
주목하라!

그림처럼 아름답게 펼쳐진 그린 위에서 펼쳐지는 프로 골퍼들의 게임을 지켜볼 때면, 이따금 머리 속을 쏜살같이 스쳐 지나가는 짧은 의문이 있다. '갤러리에서 선수들의 게임을 지켜보는 관중들이 바라보는 것 그리고 바라볼 수 있는 것은 과연 무엇일까?' 대부분의 관중은 선수들이 홀 컵 속으로 빨려 들어가듯이 골프공을 밀어 넣는 것을 보면서 그들의 뛰어난 능력과 멋진 플레이에 찬사를 보낼 것이다. 하지만 그 정도의 상태에 도달하기 위해 프로 골퍼들이 얼마나 많은 시간을 들여 연습하고 자신을 가다듬어 왔는지 곰곰이 생각하는 사람들은 흔하지 않을 것이다.

단 몇 시간 동안 펼쳐지는 게임이나 게임 중간 중간에 터져 나오는 놀라운 플레이는 '빙산의 일각'에 비유할 수 있다. 빙산 가운데 10분 1정도가 바다 위에 드러날 뿐 10분의 9는 바다 밑에 잠긴 채 그 모습을 드러내지 않는다. 뛰어난 골퍼들이 가진 능력의 대부분이 물

속에 잠긴 빙산이라면, 그들이 관중 앞에서 펼쳐 보이는 화려한 플레이는 바깥으로 드러나는 빙산의 단면이다. 하지만 현명한 관중이라면 눈앞에 펼쳐지는 화려한 플레이를 뛰어넘어 선수들이 오랜 기간에 걸쳐서 쏟아 부었던 훈련과 그 방법에 주목할 것이다.

나 역시 비슷한 경험을 할 때가 많다. "어떻게 하면 글을 잘 쓸 수 있을까요? 선생님처럼 자유자재로 자신의 생각을 담은 책을 내놓을 수 있는 좋은 방법이 있으면 가르쳐 주세요"라는 질문을 자주 받는다. 하지만 청중들에게 기쁨과 즐거움, 감동과 도움을 줄 수 있는 내용은 오랜 세월에 걸쳐서 축적된 자료 중의 일부다. 그렇기 때문에 무엇을, 어떻게 배워야 하는지 알고 싶다면 눈에 보이는 것 이상을 보기 위해 적극적으로 노력해야 한다.

시력이 있는 사람이라면 누구든지 바깥으로 드러나 있는 것을 볼 수 있다. 하지만 겉으로 드러나는 것을 가능하게 하는 본질적이고 근본적인 것, 즉 한 인간의 역량에 주목하는 것은 현명한 사람만 할 수 있는 일이다. 골퍼들의 환상적인 플레이, 사업가의 민첩한 기회포착 능력, 명장의 반열에 들어선 사람들의 뛰어난 숙련도, 명작가의 경외감을 안겨다 주는 작품, 강연자들의 탁월한 강연, 음악가들의 훌륭한 연주, 마라토너들의 우수한 기록, 이 모든 것은 겉으로 드러난다. 그러나 우리는 밖으로 드러나는 위대함을 가능하게 하는 것이 무엇인지 알아 봐야 한다.

독자 여러분과 내가 주목해야 하는 것은 다른 분야에서 걸출한 업적을 기록하고 있는 사람들이 만들어 내는 화려함이나 탁월함, 놀라움이 아니다. 그것을 뛰어넘어 그런 것들을 가능하게 하는 '그 무엇'을 이해하고, 생각하고, 배우고, 실천을 통해서 하나하나 자기 것으로 만들어 가야 한다.

내가 이 책을 쓰기로 결심한 이유는 어느 분야에서 일하든지 직업인으로서의 성공을 가능하게 하는 공통된 법칙이 엄연히 존재한다고 확신하기 때문이다. 시대가 변하더라도 직업인으로서의 성공은 결국 두뇌와 마음속에서 일어나는 일련의 독특한 과정들을 거치지 않고서는 이루어지기 어렵다고 믿기 때문이다. 나는 이 책을 통해서 직업 세계에서 성공적인 인물로 자기 자신을 자리매김하기 위해서 '나는 지금 무엇을 어떻게 해야 하는가? 그리고 앞으로는 무엇을 준비해야 하는가?'라는 주제를 다루고 싶다.

이 책의 독자가 학교를 졸업하고 막 직업 세계에 뛰어들었거나, 아니면 직업 세계에 들어선 지 7-8년 정도 되었거나 간에 입지를 굳히기 위해 고군분투하고 있다면 공통된 고민이 있을 것이다. 그들이 가진 공통된 고민거리는 "어떻게 해야 성공할 수 있는가?"이다.

이 책은 일상의 분주함과 단기적인 성과를 넘어서 장기적으로 자신의 분야에서 성공을 이루려면 "무엇을 어떻게 해야 하는가?"라는 질문에 대한 대답을 제공할 수 있을 것이다. 뿐만 아니라 40-50세를 전후해서 인생의 이모작이나 삼모작 인생을 생각하고 준비를 서두르는 독자들에게 다시 한 번 전열을 가다듬고 미래를 향해서 자신의 에너지와 시간을 올바르게 사용하는 방법을 가르쳐 주는 책이 될 것이다.

이 책은 "직업인으로서 어떻게 살아가야 하는가"에 대한 단기적인 실천 방법뿐만 아니라 장기적으로 준비해야 하는 방향을 제시하고 있다. 또한 그런 행동에 필요한 이론적 배경이나 자기 확신 방법도 알려 줄 것이다.

이 책은 총 4장으로 이루어져 있다. 1장은 나의 경험에 미루어 "직업 세계에서 전문가로서 입신하기 위한 지름길이 있는가?"라는 질문에 대한 답을 제시한다. 물론 나 개인적인 체험에 바탕을 두지만 그 결론은 '분명히 존재한다'는 사실이다. 2장은 직업인으로의 성공에 결정적으로 중요한 '10년 법칙(the 10-year rule)'이란 무엇인지 자세하게 살펴본다. 이 장에서 독자들은 자신의 경력 관리에 필요한 충분한 정보, 무엇을 어떻게 해야 하는지에 관한 아이디어와 행동 지침을 배울 수 있을 것이다. 3장은 '10년 법칙'을 어떻게 적용할 것인지를 사회 초년생 중심으로 이야기하며, 4장은 '10년 법칙'을 어떻게 완성하여 풍요롭고 여유 있는 인생을 누릴 수 있는지에 관한 실제적인 조언을 담고 있다.

진실은 복잡하지 않다. 여러분 모두 직업인의 성공을 꿰뚫는 명쾌한 기본 법칙을 정확히 이해하고 이를 자기 것으로 만드는 데 성공함으로써 명품 인생에 한 걸음 다가서기를 기원한다.

2006년 1월, 새벽에 쓰다.
공병호

01

왜
10년 법칙을
말하는가?

성공에는 분명한 법칙이 있다. 그것은 도전에서 시작한다. 도전하는 삶은 늘 새로운 기회를 제공하고 새로운 시도는 항상 신선한 자극을 준다. 적당히 사는 인생은 적당한 대우밖에 받을 수 없다. 평범을 단호히 거부하고 스스로 환경을 만들어 나가라. 자신이 가진 에너지를 전부 쏟아 부어 일하라. 자신이라는 존재를 세상에 드러내고 내 인생을 일으켜 세우려는 강한 각오와 열의로 시작하라.

삶에 대한 각성

　지금이야 자기 역량을 개발하는 데 대한 사회적 관심이 높은 편이다. 서점에는 자기계발서, 성공학, 자기경영에 관한 다양한 책들이 쏟아져 나와 있다. 그러나 내가 고등학교, 대학교를 다니던 70-80년대만 하더라도 그런 책들은 찾아보기 힘들었다. 게다가 사회적인 관심도 거의 없었다.

　한 개인이 졸업 이후에 선택할 수 있는 진로라는 것도 취업, 고시 혹은 유학 정도로 단순하게 나눌 수 있었다. 그런 분위기 탓인지 직업 선택이나 장래 희망도 비교적 간결하게 정리될 수 있었으며, 개인이 특별한 길을 생각할 여력이나 분위기가 조성되어 있지 않았다. 선배들이 걸었던 길을 따라 선택하는 분위기가 지배적이었다고 해도 과언이 아닐 것이다. 지금 생각해 보면 왜 그랬을까 싶기도 하지만,

그 시대를 살았던 사람들에게 인생의 길을 선택하는 일은 오십보백보 정도의 차이가 아니었을까 싶다.

내가 '이렇게 살아도 되나' 혹은 '어떻게 살아가야 할 것인가'를 본격적으로 고민하기 시작한 것은 취업을 하고 난 20대 말부터였다. 학교생활을 모두 마치고 취업해 자의반 타의반으로 두세 번 정도의 직장을 옮기고 난 다음인 1990년이었던 것으로 기억한다. 당시 내가 처해 있던 심적 상황을 한 마디로 표현하면 '깜깜한 시골길'이었다.

이후 10여년 정도 연구직에 몸담고 있을 때, 많은 동료들은 오랜 학교생활을 끝내고 난 후 제대로 잡은 일자리이기 때문에 그곳을 안정된 직장으로 여기는 듯했다. 동료들에게서 관찰할 수 있는 특징은 불안보다는 안심, 도전보다는 안주, 미래보다는 과거, 창조보다는 현상 유지였다. 나는 연구소 생활을 하면서 내가 가진 기반이 '너무 취약하다'는 판단을 내렸다. 아무리 열심히 학교생활을 했어도 세상에 내놓을 것은 별로 없었다. 미래에 대한 불안감도 점점 커졌다. 세상은 무섭도록 변해 가고 있다. '5년, 10년 후에 과연 나란 사람은 어떻게 되어 있을까?'라는 질문에 대해 해답은커녕 감조차 잡을 수 없었다.

지금처럼 대충 살면 안 되겠다는 절박함이 불안으로 바뀌었다. 특별한 기회를 잡아서 돌파구를 마련할 수 없다면 평범한 인생 외에는 다른 대안이 남아 있지 않음이 명확했다. 이대로 살다가는 생활수준을 크게 향상시킬 수 있는 가능성이 무척 제한되어 있다, 어쩌면 거의 불가능하다는 것이 내 나름의 판단이었다. 남들과 뚜렷하게 차별화되는 것 없이 그냥 세월만 보내고 있으면 내가 어떤 운명에 처하게 될지는 명확하게 예상할 수 있었다. 그러나 내 가슴에는 평범에 대한 단호한 거부가 살아 있었다. 이렇게 평범하게 살다가 묻혀 버리고 싶지 않다는 단호한 거부감이었다. 또한 앞으로 태어날 내 자녀들에게 지금보다 훨씬 더 나은 삶을 물려주고 싶다는 강한 현실적인 욕망 때문에 더욱 불안했다.

알랭 드 보통(Alain de Botton)의 『불안(*Status Anxiety*)』이라는 책에서 "우리는 조상보다 훨씬 더 많은 것을 기대한다. 그 대가는 우리가 현재의 모습과 달라질 수 있는데도 실제로는 달라지지 못하는 데서 오는 끊임없는 불안이다"라는 문장을 읽었다. 살아 있는 모든 인간은 자기 삶의 수준을 개선하려는 기대가 높으면 높을수록 피할 수 없는 불안이란 것과 함께 가야 하는 운명이라는 지적에 크게 공감했다. 알랭 드 보통은 "생존에 가장 적합한 사람은 불안에 떠는 사람일 수도 있다"는 말로 불안에 대한 긍정적인 답을 제시하기도 한다.

당시 내가 선택할 수 있었던 길은 두 갈래였다. 하나는 주어진 환경을 받아들이는 것이다. 나라는 사람이 올라갈 수 있는 수준을 정하고 거기에 수긍하면서 천천히 걸어가는 삶, 환경에 대한 수동적인 적응이다. 내가 조직을 떠나 홀로서기를 시작하던 초기 저서 『1인 기업가로 홀로서기』에 나오는 이 글은 당시 내 심경을 잘 표현하고 있다.

'당신은 온몸으로 책임을 지며 살아가는가?' 만일 당신에게 어떤 위기가 닥친다고 하자. 이를테면 예기치 않은 실업을 상상해 보자. 누가 책임져야 할 것인가? 경영자, 직장 상사, 경쟁자 등

몇몇 얼굴들이 떠오를지도 모른다. 그들을 비난하기에 앞서 한 번 더 진지하게 물어보라. '회사를 선택했던 사람은 누구인가?' '그동안 다른 길을 선택할 가능성은 없었는가?' '위기의 경보음이 울릴 때조차도 눈앞의 현실을 무시하지는 않았는가?' 이런 질문들을 던지다 보면 결국 모든 책임은 자신에게 있다는 것을 깨닫게 될 것이다.

누군가 자신이 행한 모든 행동에 책임을 100퍼센트 져야 한다면, 그렇지 않은 경우에 비해서 삶의 순간순간마다 최고의 정성을, 최고의 절제를, 최고의 노력을 하면서 살아가게 될 것이다. 엄중한 책임이 함께할 때 완벽함과 최상의 것을 향해 나아갈 수 있다.

책임감은 그냥 주어지는 능력이 아니다. 그것은 훈련의 결과다. 모든 것이 변하는 불확실한 세상을 살면서 전적으로 자신이 책임을 지겠다는 자립자존의 정신세계를 훈련을 통해 구축하는 것이다. 자립자존이란 삶의 굽이굽이마다 만나게 되는 아주 사소한 일에서부터 큰일까지 스스로 책임을 진다는 의식을 생활화할 때 가질 수 있는 정신적인 자산이다.

『1인 기업가로 홀로서기』, p.119

이 글을 간단하게 정리해서 회원들에게 보낸 적이 있다. 나와 연배가 비슷한 한 회원이 이 글을 받고 난 후, 자신의 주장을 담은 답장을 보내 주었다. 그분은 개인이 책임을 져야 할 부분이란 한정될 수밖에 없다고 했다. 같은 시대에 학교생활을 한 두 사람이 세상을 바라보는 시각의 차이가 흥미로워 소개한다.

세상은 혼자만의 책임감으로는 해결되지 않는, 자책해 보았자 별 도움이 안되는 다양한 사회 현상들이 공존하며 서로 영향을 끼치고 있다는 사실을 아시는지요? 홀로 설 수 없는 나약한 이들에게 박사님의 이야기는 건강한 자들의 유희로 밖에는 들리지 않지 않을까요? 좀 더 솔직하고 현실적이 되셔야 하지 않을까 싶군요.

골짜기의 뱀이 갑자기 자신의 환경을 깨달아 용이 될 수는 없는 것이죠. 자신이 처한 환경을 뚫고 나아갈 수 있는 사람이 과연 몇이나 될까요? 단언컨대 어느 누구도 자신의 환경을 벗어날 수는 없습니다. 개선이 옳지 않을까요?

개인에게 부과되는 짐은 누구나 알고 있습니다. 그걸 너무 강조하면 환경을 개선하기는 어렵지 않을까요? 오히려 그걸 이용한다는 생각이 드는군요.

환경 개선에 초점을 두고 살아가야 하지 않을까요? 그것이 바로 책임의 하나가 아닐까요? "오블리스 노블리제." 결코 남의 얘기가 아니며 시대를 초월한 명제라고 여겨집니다.

저의 글이 너무 오만하고 편견에 사로잡혀 있더라도 이해하시고 토론의 여지가 있다면 다행이겠습니다. 참고로 저는 386세대로 과거 서총련에 잠시 있었으며 62년생입니다. 수고하십시오.

나 자신을 입증할 만한 것이라고는 거의 없는 상황 속에서도 하나만은 분명했다. 환경은 스스로 만들어 가야 한다는 점이었다. 세상 그 누구도 나를 도와줄 수 없으며, 내가 한 선택은 온전히 내가 책임져야 한다는 생의 냉엄한 진실을 액면 그대로 받아들이게 된 것이다. '이대로 대충 살다가 갈 수는 없다. 그것은 내게 있어 인생이 아니다' 는 점만은 분명히 했다. 각성의 순간이었고, 자신이란 존재를 세상에 드러내는 첫 관문을 연 시간이었다. 나 자신의 삶을 일으켜 세우려는 강한 각오와 결의에서 시작된 순간이었다.

이런 순간들은 한두 번에 그치지 않고 여러 번 지속될 수 있다. 그 강도가 강하고 횟수가 잦을수록 상황을 개선하려는 행동 역시 계속될 수 있다. 공부를 마치고 선택에 따라 안심하고 적당히 생활할 수 있었던 시절, 나는 각성의 순간들을 통해서 다시 시작할 수 있는 결단과 용기를 자신에게 불어넣을 수 있었다. 바로 이 사실이 이 책에서 다룰 '10년 법칙' 의 출발점이었다고 생각한다. '10년 법칙' 역시 '마음 혹은 두뇌 속에서 이루어지는 일종의 격렬한 게임' 이라 할 수 있다. 그것을 언제 만들어 낼 수 있느냐가 무엇보다도 중요하다.

10년 법칙은 마음 혹은 두뇌 속에서
이루어지는 격렬한 게임이다

자신을 위한 투자

02

    인생에 대한 강렬한 각오는 전문가로서 어떻게 세상 속에 자신을 포지셔닝할 것인지 찾아 나서게 한다. 이때 중요한 점은 아무것도 없는 상태에서 '어디서 무엇을 하면서 어떻게 살아야 자신을 화려하게 꽃 피울 수 있는가'를 찾아내는 것이다.

    '10년 법칙'의 두 번째 단계는 '어디서'를 찾아내는 것이다. 해답은 처음에는 아주 우연한 기회에 막연한 모습으로 다가오지만 점점 시간이 갈수록 또렷하게 드러난다. 그러나 쉽게 찾을 수 있는 것은 아니다. 대부분의 사람들은 불확실함 속에 자신을 내던지지 않는다. 영민한 사람들일수록 확실한 것을 지금 당장 원한다. 그렇기 때문에 기존에 알려진 길 외에 다른 길을 찾으려고 하지 않는다. 이미 검증받은 길, 오랫동안 탄탄대로처럼 보이는 길만 갈 뿐이다. 다른 대안을 구하지 않는다.

그러나 나는 그렇게 생각하지 않았다. 탄탄대로처럼 보이는 곳에는 이미 수많은 인재들이 포진되어 있고 엄격한 위계질서가 형성되어 있기 때문에 내 기량을 충분히 발휘할 수 있다고 생각하지 않았다.

칠흑 같은 어두운 밤바다를 항해하는 배처럼 길을 찾아내려면 집요하고 끈기 있어야 한다. '살아남아야 한다. 반드시 성공해야 한다'는 결심이 머리와 가슴의 한 부분을 차지하고 있어야 한다. 이것도 시도해 보고 저것도 시도해 보고 할 수 있는 모든 것을 닥치는 대로 시도해 봐야 한다. 몸과 마음을 아끼지 말고 전부를 건 것처럼 자신을 일에 던질 수 있어야 한다.

그러다 보면 자신의 직업을 어떻게 바라보는지 극명하게 드러난다. 월급 받는 만큼 일하고 나머지 시간에는 자신의 즐거움을 위한 레저 활동을 하는 사람들이 있다. 그들에게 있어 노동은 고통스러운 것이기 때문에 휴식(레저)과 분명히 구분된다. 최소한의 의무만으로 자신의 일을 다 해야 하고, 그럴 수 있다고 생각하는 사람들은 어느 직장에서나 다수를 차지한다. 단기적으로 보면 현명한 선택을 내리고 행동하는 사람들이다. 그러나 인생을 놓고 보면 그런 단기적인 현명함이 장기적인 현명함과 반드시 일치하지는 않는다.

수많은 똑똑한 사람들이 '무엇을 하면서 살아야 하는지'를 찾지 못하고 실패하는 이유는 무엇인가? 이미 잘 알려져 있는 기존의 길 이외에 다른 길을 찾으려고 하지 않기 때문이다. 자신이 가진 에너지를 전부 쏟아 부어 실험해 보지 않기 때문이다. 아무리 오래 일했다

해도 전부를 걸지 않는다면, 그저 적당히 일한다면 얻을 수 있는 성과도 적당한 수준을 넘지 못하는 것이다.

나는 마치 금맥이나 유정을 찾는 사람처럼 가능성이 있는 영역의 모든 부분들을 조사하기로 결심했다. 단기적으로 보면 무의미하고 손해 보는 일 같을지 몰라도, 내 전부를 걸고 일하면서 그곳에서 어떤 기회가 있을지 찾아내는 데 매진하게 된다. 당시 내게는 휴일이라는 개념이 거의 없었다. 새벽부터 일을 시작했고 주말에도 거의 쉬지 않았다. 내가 일하는 분야에서 가능성이 있는 영역을 찾아내기 위해 혼신의 힘을 다했다. 출발 당시는 섣달그믐밤의 어둠처럼 막막하지만 계속되는 노력들이 더해지면서 기회의 끈을 잡게 된다. 그리고 마치 먼동이 터오듯이 내가 일할 분야에 대한 감을 잡을 수 있다. 이 순간을 잡아낼 수 있는 것은 인생에서 엄청난 행운일 것이다.

의외로 나는 그 행운의 순간들을 일찍 잡을 수 있었다. 물론 처음에는 아주 막연한 형태였다. 그것이 내게 영광의 시간을 가져다줄 것 같아 보이지 않았다. 그러나 그런 기회를 소중히 여기고 작은 불씨를 살려서 한 단계 더 전진한 기회의 연결고리를 계속해서 만들어 내야만 한다. 그러기 위해서는 성실해야 한다.

벼락치기 시험공부를 해도 얼마든지 잘 살 수 있다는 식으로 사는 사람들은 좋은 기회를 잡아도 끈기와 인내, 성실이 부족하기 때문에 성공하기 힘들다. 단기적으로 성취를 누릴 수는 있어도 장기적으로 한 분야의 전문가로 입신하기는 어렵다. 끈기와 인내로 성실하게 일하는 습관은 평생 동안 자신을 지켜 주는 든든한 우군이다. 나는 똑똑한 동료들이 이름 없이 사라지는 광경을 목격하기도 했다. 매사에 진지하고 정직하고 성실하지 않으면 진정한 성공을 이룰 수 없다는 것을 깨달았다. 노력과 인내 없이 한 방에 성공을 얻어낼 수 없다는 가르침이기도 했다.

무엇보다도 열심히 하는 습관이 완전히 몸에 배어 있어야 한다. 다행히 나는 학창시절부터 매사에 최선을 다해 왔고 그런 행위 자체를 결과에 관계없이 즐겼기 때문에 기회들을 한 단계 더 끌어올릴 수 있었다.

나는 저널리즘과 아카데미즘의 중도노선을 선택하고 이것을 바탕으로 자유주의 분야를 개척해 나가는 잠정적인 분야를 찾아냈다. 본격적으로 시작한 후 2~3년에 걸쳐 찾아낸 일이지만 학위를 하는 과정까지는 7~8년 정도가 걸렸다. 그러나 이렇게 분야를 발견하는 데 그치지 말고 이를 심화시켜서 그 분야의 전문가로 자리 잡아야 한다. '10년 법칙'은 이 과정에서 10년 전후의 시간을 필요로 하지만 나는 그 시간을 얼마든지 줄일 수 있다고 생각한다. 내 경우에는 5년 전후의 집중적인 시기가 지나면서 일정한 교두보를 확보할 수 있었다. 물론 이때 성공이란 단어는 기초적인 기반을 잡는 수준 정도로 이해하면 될 것이다. 이런 집중적인 선행 투자를 행하면서 추가적으로 무엇을 해야 할지, 관련 분야를 어떻게 개척해 나가야 할지 많은 기회들이 속속 드러나게 된다.

어느 분야에 종사하고 있든지 지식, 숙련도, 역량 등 두뇌와 관련되어 자기 분야를 개척해야 한다면 집중적으로 자신을 갈고 닦는 기간이 반드시 필요하다. 이런 점에서 근속이나 연차는 별 의미가 없다. 경험 축적이라는 면에서는 어느 정도 도움이 될 수 있을지 모르지만 집중적으로 자신의 기량을 갈고 닦는다는 점에서는 크게 기여하는 바가 없다고 생각한다.

내가 특정 분야를 찾아내고 그것을 개발하는 일을 진행하던 초창기에는 '10년 법칙'을 전혀 접하지 못했다. 이 개념을 접하게 된 것은 불과 1-2년 밖에 되지 않았기 때문이다. 그러나 초기의 집중적인 선행투자 없이 전문가로서 자기 분야를 개척하는 것은 불가능하다고 강하게 확신하고 있었다. 그렇기 때문에 시간과 에너지를 엄청나게 투자하는 상황에서도 미래에 투자 수익률을 거둘 수 있다는 확신을 갖고 일할 수 있었다.

'10년 법칙'은 오랫동안 경험으로 검증된 인생의 황금률이란 면에서 보더라도 충분한 타당성을 갖고 있다. 뿌린 대로 거둘 수밖에 없는 것이 인생이다. '10년 법칙'은 이런 대원칙에 충분히 부합한다. 젊은 날 뿌리지 않으면 그에 상응하는 대접을 받을 수밖에 없다. '나의 상품 개발기'란 글에서 나는 30대에 전력투구하면서 내 분야를 개척할 때를 이렇게 묘사했다.

스스로 목표를 세워 귀한 것을 얻기 위해 모험을 불사하는 직장 생활 초년생은 많지 않았다. 나 역시 칠흑 같은 어둠 속에 놓여 있는 것 같은 기분을 느낄 때가 많았다. 그래서 일단 내가 일하고 있는 분야를 깊이 파고들어가 보기로 했다. 한 분야를 깊숙이 파고들다 보면 다른 기회들을 만날 수 있지 않을까 하는 생각을 막연히 했던 것이다. 그리고 직장에서 주어지는 모든 일을 활용하기로 굳게 마음먹었다.

적극적으로 기회를 만들어야 한다고 생각했다. 다른 동료들은 사소하게 생각하는 것일지라도, 나는 가능한 모든 기회에 몸을 맡겨 재능을 시험하고 키우는 기회로 활용하기로 결심했다. 그래서 일할 때는 몸을 아끼지 않았다. 무엇을 하든지 나 자신을 위해 투자한다 생각하고 최선을 다했다.

그때도 나는 내가 하고 있는 일은 누가 시켜서 억지로 하는 것이 아니라 바로 나의 일을 하고 있는 것이라고 생각했다. 직장에 몸담고 있으면서도 남에게 고용되어 있다는 생각을 한 적이 없다. 바로 이 점이 훗날 나에게 많은 가능성을 열어 준 열쇠가 되었다.

『1인 기업가로 홀로서기』, pp.197~198

대학 동기들 가운데 친하게 지내는 친구들과 아이들을 데리고 L씨가 어떻게 치열한 투자은행의 세계에서 걸출한 자리를 차지했는지 들을 수 있었다. 원래 이 모임은 아이들에게 자극을 주기 위해 마련된 모임이었지만 L의 이야기를 경청해서 들으면서 나 자신이 많은 것을 배웠고 여러 가지를 생각할 수 있었다. 어렵게 잡은 직장인 글로벌 컴퍼니 P사에 처음 출근한 L이 느낀 감정은 '생존'이란 단어였다고 한다. 아이비리그 출신의 쟁쟁한 동료들 9명과 자신이 커다란 원탁에서 대화를 나눌 때 그는 '쫓겨날 수밖에 없는 근본적인 차이가 그들과 나 사이에 있구나' 라고 생각했단다.

그의 직장 생활은 '출세는 고사하고 어떻게 살아남을 것인가?' 라는 질문에 대한 답을 찾는 과정이었다. 자신만이 세상에 내놓을 수 있는 걸출한 '그 무엇' 을 찾아내기 위해 애썼고, 결국 재무 분석 전문가들이 취약한 컴퓨터 분야를 결합시킴으로써 자신을 세상에 드러낼 수 있다는 사실을 어렵게 깨달았다. L은 자신이 가진 모든 에너지를 그곳에 집중시켰고 결국 직장 내에서 튼튼한 교두보를 개척하는 데 성공한다. 이야기 내내 그가 강조하는 단어는 연습과 준비였다. 이 둘만이 자신을 강하게 하는 유일무이한 무기라고 했다. 평소 잘 알고 지내는 L이지만 그동안 걸어온 길을 들으면서 "세상에 결코 공짜는 없다"는 말을 다시 한 번 상기할 수 있었다.

대부분의 입신한 사람들처럼 L은 제자리에 머물지 않고 자기 능력을 화려하게 펼칠 수 있는 월 가로 전직해서 오늘에 이르게 되었다. 생존을 향한 집중적인 투자를 단행할 수 있었고 행운도 따랐기 때문에 자기 분야에서 최고의 자리에 올라설 수 있었던 것이다.

10년 법칙은 오랫동안 경험으로 검증된
인생의 황금률이란 면에서 보더라도 충분한 타당성을 갖고 있다

명품 인생을 위한 도약

    사람마다 차이가 있겠지만, 집중적인 선행 투자가 행해지고 나면 일정한 시점에서 업무 관련 지식이나 숙련도에서 터닝 포인트 혹은 임계치가 만들어진다. 마치 두뇌 속에 도로망이 뻥하고 뚫린 것처럼, 기회를 읽는 능력이나 문제를 해결하는 능력 그리고 관련 업무의 추진 능력 등이 과거와 비교할 수 없을 정도로 향상된다. 이 단계에 도달하면 자기 분야와 관련해서 어떻게 기회를 연속적으로 만들 수 있는지 나름의 독특한 견해를 가질 수 있다. 자신의 목소리를 확실히 낼 수 있는 단계에 도달하게 되는 것이다.

    내 경우에는 90년대 중반을 전후해서 연속적으로 책을 펴낼 수 있는 능력, 즉 독창적인 컨텐츠를 계속 내놓을 수 있는 능력이 급속히 강화됨을 느낄 수 있었다. 이때 지속적인 노력이 병행되면 업무 관련 능력이 현저하게 증가한다. 일단 이 궤도에 접어들면 자신감도 크게 늘어나기 때문에 더욱 독창적인 영역을 개척할 수 있다.

일단 '지식폭발'이라는 도약기에 들어서면 자기 분야를 중심으로 관련 영역의 진출이 자연스럽게 이루어진다. 기업으로 따지면 관련 분야의 진출과 같다. 이것은 기존에 해 오던 분야와 새로 진출하는 분야 사이에 있는 업무 연관성 때문에 충분한 시너지가 존재한다. 내 경우에는 일하고 있는 분야를 중심으로 새로운 연구소를 건립하고, 그 연구소를 바탕으로 자신의 영역을 대폭 확장하고 사회적인 영향력을 키웠던 과정이 이 영역에 속했다. '컨텐츠를 생산하는 연구자'라는 영역을 중심으로 만들어진 새로운 기회인 연구소 경영이라는 영역까지 확장되면서, 나라는 개인은 자기 영역과 관련된 훨씬 넓은 분야를 포괄적으로 바라볼 수 있는 능력을 갖추는 데 성공하게 된다.

연구소를 경영할 때는 내가 가진 모든 역량과 자원을 이용해서 최고의 연구소를 만들기 위해 헌신했다. 그 전 단계인 컨텐츠를 생산하는 연구자로서의 활동과 거의 비슷한 태도라고 할 수 있다. 연구소를 경영하면서 나는 다양한 경험과 노하우, 인맥을 축적할 수 있었다. 여기서 눈여겨 볼 만한 부분은, 하나의 기회가 또 다른 기회를 낳고 그 기회가 또 다른 기회를 낳는다는 점이다.

헌신적인 노력을 통해서 하나의 기회를 잡는 데 성공하지 못하면, 그 다음 단계에서 또 다른 기회를 새롭게 만들어 낼 수 없다. 그래서 직업 세계에서 성공을 꿈꾼다면 자신에게 주어진 하나하나의 과정을 완결된 프로젝트라고 생각하고 거기서 최고의 성과를 거두기 위해 노력해야 한다. 그러다 보면 전혀 예기치 않은 곳에서 새로운 기회가 생겨난다.

나는 연구소에서 일하는 것을 천직으로 생각하지만 다양한 분야의 사람들과 새로운 정보를 접하면서 엄청난 자극을 받는다. 내 업무 영역을 가능한 연구와 연구소 경영으로 한정하려고 의도적으로 노력하지만, 개인의 지식이나 경험의 폭이 넓어지면서 변화가 일어나는 것은 막을 수 없다. 나는 경영자로서 내 연구소를 단시간 내에 국내 어느 곳에서도 관찰할 수 없는 곳으로 끌어올리기 위해 노력했지만 그 와중에서도 나 개인의 역량 개발을 게을리 하지 않았다. 경영자의 역할을 하면서도 '나란 사람은 무엇인가? 나를 어떻게 개발할 것인가?' 라는 질문의 해답을 찾는 일을 게을리 하지 않았다. 그렇기 때문에 연구소가 어느 정도 안전궤도에 들어서자, 새로운 컨텐츠를 만들어 내는 연구자로서의 기능과 임직원들과 함께 공동의 성과를 만들어 내야 하는 경영자로서의 역할 사이에 약간의 갈등이 있었던 것은 사실이다. 연구자는 마음껏 자기 영역을 개척할 수 있지만 경영자는 주변을 통합, 조정해야 할 때가 많기 때문이다.

도전하는 삶은 늘 새로운 기회를 제공한다. 나는 우연한 기회에 비즈니스 세계에 눈을 돌리게 되어 『월간중앙』에 적극적으로 의견을 개진해 '기업가 시리즈'를 만들었다. 연구소 작업의 일환으로, 새로 등장하는 사업가들의 인생과 경영을 새로운 각도로 조망하는 시리즈를 기획한 것이다.

이때 나와 한 팀으로 일했던 사람은 현재 실리콘파일의 대표인 신백규 사장이다. 아주 적극적인 연구원이었던 신백규 사장과 나는 신흥 기업가들을 만나서 대화를 나누고 이를 정리해서 '공병호가 만난 기업가들'이란 시리즈를 시작했는데, 현재 벤처협회회장인 조현정 사장이 당시 인터뷰 기사를 아직까지도 잘 보관하고 있는 것을 보았다. 독특한 시각에서 인터뷰를 행하고 가능한 정확한 입장에서 독자들에게 성공 포인트를 제시할 수 있었던 점이 인상적이었던 모양이다.

새로운 시도는 항상 자극을 준다. 나는 그 일을 하면서 깨달았다. '아! 내가 사는 세상이 전부가 아니구나!' 그렇게 무엇이든 적극적으로 만들어서 도전하는 생활을 하지 않았다면 내가 갖고 있었던 틀을 깨기 힘들었을 것이다. 지금도 나는 결국 인생이란 자신이 하기 나름이며 자신이 만들어 가는 것이라고 확신한다.

당시 나는 이런 생각을 품고 기업가들을 만나서 인터뷰하고 이를 기사화했다. '이제까지와는 전혀 다른 인터뷰 기사를 만들어 내겠다. 이것은 내게 새로운 도전이 될 것이고, 이런 경험들은 훗날 내게 큰 도움이 될 것이 분명하다.'

과거에도 그랬지만 지금도 나는 매사에 이런 생각으로 임한다. 사소해 보이는 일이라도 언젠가 내게 큰 도움이 될 수 있다는 확신과 이것을 자신에 대한 하나의 도전으로 받아들이는 것이다. 게다가 이런 도전을 통해서 '스스로 입증하라(Prove yourself)'는 요구를 자신에게 끊임없이 알려준다. 이렇게 하나 하나 입증하면서 자신감을 축적해 가는 것은 나의 습관이다.

전혀 예상하지 못했지만, 이런 시도가 준 자극은 훗날 내가 연구소를 떠나서 새로운 삶을 개척하도록 단서를 제공했다. 눈덩이는 눈밭에서 굴릴수록 더욱 커진다. 초기의 선행 투자에서 시작한 연구소 경영은 또 다른 차원으로 발전했다. 바로 독립 연구소를 향한 꿈이었다. 자본가들을 설득해서 자유주의를 전파할 수 있는 연구소 건립을 위해 99년 10월부터 기부금을 모으는 작업을 시작한 것이다. 누구도 가능하다고 여기지 않았고, 그런 시도를 해 본 사람도 없었다. 그러나 내게는 신념이 있었다. 이 일을 추구할 수 있는 사람은 나 외에는 없다는 결론을 내렸다. 다소 무모해 보였지만 나는 3개월 만에 100억원에 가까운 기부금을 모을 수 있었다. 그 길을 계속 갔다면 엄청난 돈을 모아서 자유주의 팅크 탱크(think-tank)를 탄탄한 반석에 올릴 수 있었을 것이다. 그러나 나는 그 과정에서 '돈의 위력과 힘'을 크게 느꼈다. 그것은 내게 전직(轉職)이라는 커다란 도전을 가져왔다.

기업으로 전직하는 나를 걱정하는 사람도 있었고 비난하는 사람도 있었다. 그러나 나는 기회가 오면 잡았고 그것을 이용해서 한 단계 더 도약하는 삶을 멈추지 않았다. 개인적으로 보면 전직 역시 내 경험치를 한층 넓혀 주는 또 다른 기회였다. 어떤 새로운 시도도 모두 합해서 선이 될 수 있는 일이다. 그리 길지 않은 시간을 기업 세계에 몸담고 있었지만, 그 시기를 통해서 이익을 추구하는 다양한 인간 군상들을 경험할 수 있었고 사회 실상을 좀 더 정확하게 꿰뚫어 볼 수 있었다. 이런 경험들은 나중에 내가 '공병호경영연구소'로 홀로 서서 활동할 때 커다란 자양분이 되어 주었다.

이런 경험을 통해서 도약기는 다시 안정기를 가져오고 또 다른 도약기를 불러 온다. 완전히 다른 영역처럼 보이는 경험들이 하나 하나 분리되지 않고 합쳐져서 현재의 내가 걸어가는 길에 또 다른 자극과 경험의 폭을 넓혀 준다. 연구소에서 기업 세계로의 전직, 벤처 업계 사장을 거쳐 자기 사업인 '공병호경영연구소' 운영으로 이어지는 일련의 과정들은 뒷장에서 자세히 설명할 '10년 법칙'이라는 개념으로 정확하게 설명 가능한 일이다.

'공병호경영연구소'를 세워서 활동한 지 만 5년째에 접어든다. 여전히 삶은 아슬아슬한 줄타기지만 전문 직업인으로 입신하기 위해 무엇을 어떻게 해야 하는지 알고 확신할 수 있었다. 그 해답은 '10년 법칙'에 있다. '직업인으로 성공하고 싶은가?' 그렇다면 어느 분야에서 일하고 있든지 이 질문에 관한 아이디어와 구체적인 실천 방법을 배워야 한다. 세상은 아는 만큼만 보이기 때문이다.

10년 법칙은 새로운 기회와 도전, 자극과
성공의 해답을 제시한다

10년
법칙

10년 법칙이란
무엇인가?

'10년 법칙'은 하루아침에 이루어지지 않는다. 짧지 않은 시간과 적지 않는 노력, 쉽지 않은 준비가 필요하다. 그러나 일단 그 법칙을 깨치고 나면 또 다른 '10년 법칙'으로 발전시키고 재생산해 내어, 반복적인 성공과 성취를 이루어 낼 수 있다.

모든 답은 내부에 있다

'출발할 때는 분명 비슷했는데 그와 내가 이렇게까지 차이 나게 되다니!'

자기도 모르는 사이에 이런 놀라움이나 아쉬움을 드러낸 적이 있는가? 비슷한 시기에 입사한 동기나, 졸업 이후 오랜만에 만난 동창에게서 이런 감정을 느낄 수 있다. 신문이나 잡지에 등장한, 이미 자기 분야의 전문가가 되어 있는 비슷한 연배의 인물을 볼 때도 마찬가지다. 놀라움과 부러움일 수도 있지만 동시에 '도대체 나는 이제껏 무엇을 하고 살았던가?' 라는 후회와 아쉬움, 질책이 진하게 배어 있을 수도 있다.

이처럼 잘나가는 사람들을 보면서 "그 친구는 정말 운이 좋아서" 혹은 "나와는 태생부터 달라" 하고 말할 수도 있다. 하지만 이런 자기 위안만으로 모든 것이 해결되지는 않는다. 외부 환경이나 행운에 모든 성공 이유를 떠넘기기에는 당당하지 못하다는 느낌이 들지 않는가? 앞서가는 사람과 자신을 비교하며 느끼는 차이는 한 번으로 끝나지 않는다. 세월이 흘러 또 다시 그를 만날 때마다 그 차이는 점점 더 커지고 급기야는 아무리 노력해도 따라잡을 수 없을 만큼 벌어져 있다는 것을 알게 될 것이다. 현재의 삶을 충만하게 살기 위해서, 미래에 같은 실수를 되풀이하지 않기 위해서는 그 '차이'가 왜 발생하는지 생각해야 한다. 그 차이의 이유를 찾아내 자신을 성장시켜 가는 것은 어느 때나 꼭 필요하고 시급한 일이다.

계절이 막 초가을로 접어든 어느 날 아침, 나는 출판계에서 부러워할 만한 위치에 선 어느 경영자와 대화를 나누고 있었다. 그는 "지금 이 순간도 경영하는 일 그 자체는 아슬아슬한 곡예의 연속"이라고 말하지만, 내가 본 그는 상당한 성취를 이룬 인물임에 틀림없다. 따뜻한 차 한 잔을 앞에 두고 K씨와 나눈 대화를 들어보자.

"사내에 핵심 인재라고 불리는 사람들이 얼마나 됩니까?"

"글쎄요. 5퍼센트, 잘해야 10퍼센트를 넘지 않습니다. 그래서 늘 그 문제로 고민합니다. 아시다시피 결국 사람이 최고 자산이지 않습니까? 어떻게 하면 핵심 인재의 비중을 늘릴 수 있을지 고민하지만 정말 쉬운 일이 아닙니다."

"그 인재의 '차이'가 어디서부터 온다고 생각하십니까?"

그는 서슴지 않고 자신의 견해를 펼쳤다.

"젊은 세대들과 함께 일하면서 그들과 우리가 일과 인생에 대해 생각하는 관점이 많이 다르다는 것을 느낍니다. 단순한 세대 차이가 아니라, 바라보는 관점이 크게 달라 그렇다고 생각합니다. 저희 세대(70년대 졸업)보다 학원 수업을 많이 받은 세대라서 그런지, 꾸준히 무엇을 고민하고 탐구하는 데 큰 가치를 두지 않습니다. 간단명료하게 정리된 답안지를 작성하듯이 항상 빠른 시간 내에 정리된 형태를 얻고 싶어 합니다. 그렇게 공부해 왔으니 사회에 나와 일할 때도 마찬가지입니다. 짧은 시간 내에 일의 결과가 제대로 나오지 않으면 쉽게 포기해 버리고 다른 일을 찾아 떠나죠. 그러나 거기서도 상황은 비슷합니다. 그러다 보니까 일하는 감각이나 지식, 방법들을 향상시키지 못합니다.

아시다시피 세상에 확실한 것은 없지 않습니까? 그렇다면 자신이 구하는 것을 얻기 위해 찾아가는 과정이 필요한데, 이 부분에 대해서 직원들에게 아쉬울 때가 많습니다. 그들은 새로운 것을 창조하는 행위 역시 단시간에 효과가 나와야 한다고 믿습니다. 그런데 세상 사는 것이 어디 그리 쉽습니까? 귀한 것이 세상에 드러나려면 충분한 숙성 기간이 반드시 필요하지 않습니까? 많은 사람들이 이런 기간을 참고 기다리지 못합니다. 직원들에게 손해 보는 듯한 기간이 꼭 필요하다고 잔소리하듯 자주 이야기하지만, 그들이 얼마나 받아들이고 이해하는지 확신이 잘 서지 않습니다. 창조 또한 일정 기간 충분히 숙성된 다음에 이루어지는 것이지 영민함이나 순발력처럼 속도에서 나온다고는 생각하지 않거든요."

그와 나눈 대화가 내내 머리를 떠나지 않았다. 비단 출판계뿐 아니라 어느 직업 세계도 마찬가지다. 두뇌가 중심이 되어 지식을 창출하는 과정이 직업 세계의 중요한 부분을 차지하면 할수록 앞에서 나눈 대화는 거의 모든 직업 세계에 적용될 수 있다고 생각한다. 세상은 지식중심의 사회, 두뇌중심의 사회로 줄달음치고 있다. 위 대화는 직업인들이 성공하려면 반드시 염두에 두어야 할 현실을 말해 준다.

이는 지식을 다루는 분야하고만 관련 있는 것은 아니다. 정도의 차이는 있을지 몰라도 직업적 성공은 개인의 숙련도와 비례한다. 가수 김현철씨가 쓴 「인생은 2차 함수」라는 칼럼을 읽은 적이 있다. 나와는 전혀 다른 삶의 궤적을 만들어 온 사람이지만, 직업과 인생에 관한 체험이란 면에서는 묘한 동지애를 느낄 수 있었다.

사람들은 기술 발달 덕택에 '시간'을 선물 받았으면서도 더 많은 욕심을 내는 모양이다. '기다림'이나 '참을성'이라는 단어는 진부한 것으로 여겨지고 있다. 1차 함수 그래프처럼 모든 일이 시작하자마자 상승 직선을 그리지 못하면 조바심을 내거나 아예 포기하는 경우를 종종 본다.

효율성으로만 따지면 투여되는 노력과 시간이 고스란히 산출되는 모델은 분명 이상적이다. 그러나 대부분의 일들이 시작 단계에서는 완만한 속도로 느리게 이루어진다. 그러다가 어느 순간 그 곡선이 가파르게 상승하는 시기가 온다. 그 성장세와 파급효과는 상상 이상으로 엄청난 경우가 많다. 상처가 치유되는 과정이나 사업 초기의 결과들, 악기나 운동 실력이 더디게 발전하던 어느 한 시기가 지나면 갑작스레 실력이 늘어나는 모습을 쉽게 볼 수 있다.

문제는 초반의 기다림이다. 전체를 보는 혜안과 인내로 기다림의 시간을 이겨 내는 것이 중요하다. 쉽게 싫증내거나 포기하지 말고 기다림의 미덕을 가져야겠다. 인생 자체가 2차 함수의 곡선을 닮았기 때문이다.

김현철, 「인생은 2차 함수」, 『조선일보』, 2004년 9월 15일

가수 김현철씨가 바라본 직업과 인생은 한 마디로 '2차 함수'와 같다. 그것은 이 책에서 다루는 직업인의 성공과 실패, 현재와 미래와 관련된 중요한 교훈을 담고 있다.

직업 세계에서의 성공과 실패는 대부분 두뇌에서 이루어지는 작업이다. 자신만의 독특한 '그 무엇'을 두뇌 속에서 만들 수 있는 사람은 직업인으로서 성공할 것이다. 그러나 직업 경험을 통해 자신을 차별화할 수 있는 '그 무엇'을 만들어 낼 수 없는 사람은 세월과 함께 쓸쓸함을 더해 갈 수밖에 없을 것이다. 오늘뿐 아니라 현대 문명이 앞으로 발전을 거듭하더라도 두뇌 활용이란 면에서 보면 과거나 현재, 미래에서 아무 차이가 없다고 볼 수 있다. 두뇌를 중심에 놓고 보면, 오히려 고전적인 주제에 관심을 갖지 않고서는 직업인으로서 성공하기 어렵다고 할 수 있다. 점점 더 공장이 두뇌 속으로 들어가는 시대가 되어 가고 있기 때문이다.

속도와 순발력이 시대를 지배하는 것처럼 보여도, 부가가치 창출 능력이라는 면에서 보면 세상의 본질을 꿰뚫는 규칙은 변하지 않는다. 오히려 고전적인 주제에 관심을 가질수록 직업인으로서 화려한 삶이 열릴 가능성이 높을 것이다. 두뇌 속에서 이루어지는 변화란 시대 상황과는 무관하다. 두뇌란 이미 생물학적 진화를 끝낸 상태며 거기에 전면적으로 대체하는 것이 불가능하다는 점을 받아들인다면, 어떻게 해야 직업인으로서 두뇌라는 부분을 이해해야 하는지가 과제로 남게 된다.

직업인으로서의 성공은 두뇌 속에서 '조용한 혁명'을 일으키는 데 성공할 수 있느냐에 좌우된다. 지금부터 살펴보고 싶은 것은 타인이 조금도 눈치 챌 수 없는 두뇌 속에서 이루어지는 '혁명'에 관한 내용이다. 이 혁명을 인생의 어느 시점에 경험할 수 있는지 혹은 만들어 낼 수 있는지가 직업인으로서의 성공과 실패를 결정한다.

직업인으로서의 성공은 두뇌 속에서 '조용한 혁명'을
일으키는 데 성공할 수 있느냐에 좌우된다

10년 법칙이란?

02

두뇌 속에서 이루어지는 조용한 혁명은 직업인으로서 성공하기 위해 반드시 거쳐야 할 과정이나 경험이다. 이 분야에서 선구자적인 연구를 이끌어 온 스톡홀름 대학교의 앤더스 에릭슨(K. Anders Ericsson) 박사는 그런 과정이나 경험을 '10년 법칙(the 10-year rule)'이라고 부른다.

어떤 분야에서 최고 수준의 성과와 성취에 도달하려면 최소 10년 정도는 집중적인 사전 준비를 해야 한다.

에릭슨 박사의 견해에 바탕을 두고 직업인의 성공을 연구해 온 앤드류 카슨(Andrew D. Carson) 박사는 '10년 법칙'을 이렇게 해석한다.

어떤 특별한 분야에서 세계적인 수준으로 자신을 자리매김하기
를 원하는 사람이라면, 그 분야에서 지속적이고 정교한 훈련을
최소한 10년 정도 해야만 한다.

Andrew D. Carson, 'Expertise', www.google.co.kr

　어떤 분야에서 무엇을 하고 있든 간에 10년 전후의 집중적인 선행
학습이나 경험, 투자와 같은 정교하고 집요한 노력을 행하지 않는다
면, 그 분야에서 뛰어난 사람이 되기는 힘들다. "이것을 법칙으로까
지 부를 수 있느냐?"고 되묻는 사람들도 있겠지만, 그동안의 다양한
분야에 걸쳐 이루어진 여러 연구 결과들에 바탕을 둔다면 이미 가설
수준은 벗어났다고 할 수 있다. 이 책을 읽는 독자 중 직업 세계를 충
분히 경험하고, 자기 분야에서 자신감을 갖고 일하는 사람이라면
'10년 법칙'이란 용어를 듣자마자 "맞아, 맞아. 어쩜 내 경우와 똑같
네!"라고 반응할 것이다.

　'10년 법칙'은 내가 이제껏 공부하고 익숙한 경제나 경영분야하
고는 무관하다. 심리학이나 두뇌 과학 분야에서는 널리 알려진 이론
이지만 내가 책에서 이를 처음 접한 때는 불과 2-3년 전이었다. 성공
이나 자기계발에 관심이 많은 사람으로서 이 법칙을 만났을 때, 내가
그동안 관찰한 직업 세계에서 성공을 거둔 인물들의 경우와 잘 들어
맞는다는 것을 깨달았다. 나는 경험적인 사실을 통해서 오래 전부터
'자기 분야에서 한 획을 긋는 인물로 성장하려면 최소한 10년 전후
의 선행 투자가 불가피하다'는 생각을 하고 있었다. 그렇게 노력하지

않는 사람은 직업인으로서 성공할 수 없다고 믿고 있기 때문이다.

알고 나면 너무나 단순하게만 보이는 '10년 법칙'에 대한 책을 써야겠다고 마음 먹게 된 이유는 '세상은 아는 만큼 보인다'는 지론 때문이다. 모르면 볼 수 없고 준비할 수 없다. 누구든지 직업인의 성공을 꿰뚫고 있는 불변 법칙을 정확하게 이해할 수 있다면, 그들의 성공과 인생 경영에 커다란 기여를 할 수 있으리라는 소망 때문이다. 몇 해 전에 내가 번역한 리처드 코치의 『80/20법칙』에 나오는 80/20 법칙과 마찬가지로, '10년 법칙'은 한 인간이 직업인으로서 성공하는 데 반드시 필요한 법칙이라고 생각한다.

다중지능 이론의 창시자인 하버드 대학교의 교육심리학자 하워드 가드너(Howard Gardner)는 심리학, 물리학, 회화, 음악, 시, 무용, 정치 분야에서 걸출한 업적을 남긴 일곱 명의 창조적 거장들(지그문트 프로이트, 알버트 아인슈타인, 파블로 피카소, 이고르 스트라빈스키, T.S. 엘리엇, 마사 그레이엄, 마하트마 간디)을 연구한 결과를 『열정과 기질』이라는 한 권의 책으로 내놓았다. 그 책에 이런 내용이 있다.

어느 분야의 전문 지식에 정통하려면 최소한 10년 정도는 꾸준히 노력해야 한다. 창조적인 도약을 이루려면 자기 분야에서 통용되는 지식에 통달해야 한다. 바로 이런 이유에서 10년 정도의 꾸준한 노력이 선행되지 않으면 의미 있는 도약을 이룰 수 없다. 흔히 모차르트는 이 규칙이 적용되지 않는 예외라고 말하지만, 그 역시 10년간 수많은 곡을 쓴 다음에야 훌륭한 음악을 연거푸 내놓을 수 있었다. 우리가 다루는 일곱 명의 창조자들 역시 혁신적인 업적을 이루기 전에 최소한 10년의 수련기를 거쳐야 했다. 물론 더 오랜 세월이 필요했던 인물도 있을 것이다. 그리고 대다수는 또 다른 10년 후에 다시 한 번 중대한 혁신을 이루었다.

하워드 가드너, 『열정과 기질(Creating Minds)』, p.79

창조성의 10년 법칙: 정당한 근거 없이 숫자의 마술을 부릴 생각이 없음에도, 본 연구를 수행하는 과정에서 나는 창조성의 10년 법칙을 발견했다. 일곱 명의 창조적인 인물들은 분야마다 약간씩 기간은 달라도 대략 10년을 사이에 두고 창조적인 도약을 이루었다. 인지 심리학 계통의 연구를 통해 알려진 것처럼, 한 사람이 어느 분야를 기본적으로 통달하는 데 필요한 기간은 대략 10년이다. 피카소처럼 네 살에 시작하면 10대에 거장이 될 수 있고, 10대 후반에 창조의 노력을 시작한 스트라빈스키 같은 작곡가와 그레이엄 같은 무용가는 20대 후반이 되어서야 비로소 창조성의 본 궤도에 올라선다.

10년간의 견습 기간을 거쳐야 중대한 혁신을 이룰 수 있다. 이러한 도약은 대개 일련의 시험적인 단계를 거쳐 이루어지는 편이지만, 일단 도약하게 되면 과거와는 완전히 달라진다.

하워드 가드너, 『열정과 기질』, p.639

이들의 활동은 우선 두뇌의 특정 영역에서 이루어지는 혁명과 가까운 움직임이 없다면 있을 수 없었다. 피카소가 존경 받는 이유는 회화라는 분야에서 독보적인 업적을 남겼기 때문이다. 세계사에 큰 획을 그은 인물들의 활동과 직업인으로서 이루는 큰 성공에는 뚜렷한 공통점이 있다. 특정 인물이 모든 분야에서 두각을 나타낼 수는 없다. 마찬가지로 직업인 역시 모든 분야에서 성과를 거둘 수 없다. 아주 제한적인 분야에서 성취와 업적이 뛰어난 사람이 성공을 거둘 수 있는 것이다. 세일즈 업계에서 성공을 거두는 일이나, 현장 최고의 엔지니어로 뛰어난 실력을 자랑하는 일, 훌륭한 작가나 음악가로 두각을 나타내는 일, 유명한 펀드매니저와 애널리스트로 명성을 누리는 일, 이 모든 것은 두뇌에서 일어나는 특정 영역(specific domain)과 관련된 결과다. 두뇌의 특정 영역에서 혁명적인 변화를 일으킬 수 있는 방법은 무엇일까? '10년 법칙'은 우수한 지능을 타고난 사람이 아니라도 얼마든지 특정 영역에서 발군의 실력을 발휘할 수 있다는 사실을 말해 준다. 직업인으로서의 성공은 타고난 능력의 차이보다 10년 전후의 시간을 통해 이루어지는 의식적인 선택에 달려 있다.

직업인으로서의 성공은 10년 전후의 시간을 통해
이루어지는 의식적인 선택에 달려 있다

1차 함수 인생 vs. 2차 함수 인생

03

20대 후반의 갑과 을, 두 젊은이가 같은 회사에 입사했다고 가정하자. 둘이 이후 10여년이라는 시기를 어떤 자세로, 어떤 방법으로 일하느냐에 따라 직업인으로서 성공 여부가 확실해질 것이다.

갑은 대부분의 직장인들과 마찬가지로 수동적이고 방어적인 자세로 일했다. 자기에게 주어진 최소한의 의무만 완수하는 방법으로 일한 것이다. 열정이 없고 기계적으로 출퇴근을 반복하며 근무 시간에만 일하는 갑에게 일이란 의무일 뿐, 좀처럼 일에서 재미나 즐거움을 얻지 못한다. 주말의 레저 활동이나 퇴근 후 약속에서 즐거움을 찾을 뿐이다. 이따금 미래를 불안해하기도 하지만 잠시뿐, 그로 인한 지속적인 변화가 일어나지 않는다. 나이에 비해 다소 무기력한 모습으로 타인에게 비춰진다.

갑의 두뇌에서는 어떤 변화가 일어날까? 경험에 비례해서 업무 관련 지식이 조금씩 축적될 것이다. 나는 갑과 같은 사람들은 '1차 함수 인생'을 산다고 표현한다.

한편 을은 다수의 직장인들이 내리는 선택과 다른 길을 가기로 결심했다. 처음부터 무엇을 해야겠다는 목표가 있었던 것은 아니다. 우선 닥치는 대로 일했다. 이것저것 직장에서 경험할 수 있는 모든 일에 도전해 본다. 적극적이고 진취적으로 일을 찾아서 하는 스타일이다. 항상 '앞으로 어떻게 살아야 할 것인가?'를 생각한다. 결코 현실에 안주해서는 안 되며, 지금의 직장은 자신이 그리는 미래를 이루는 데 큰 공헌을 할 수 있는 장소라고 생각한다.

불확실성 속에서도 을은 계속 자신의 강점을 발휘할 수 있는 분야가 무엇인지, 앞으로 무엇을 하며 살아야 하는지 끊임없이 모색하면서 하루하루 열정을 다해 생활한다. 물론 그가 투입되는 업무와 관련된 근로 시간은 다른 사람들에 비해 현저히 길다. 그러나 그는 어느 누구에게도 불평하지 않는다. 근로 시간은 회사를 위한 것이기도 하지만 동시에 자신을 향한 투자라고도 생각하기 때문이다.

일을 적극적으로 해 나가는 과정에서 을은 칠흑 같은 어둠 속을 헤쳐 나가는 기분을 느낀다. 일을 하나씩 마무리하면서 또 다른 일과의 연결고리를 찾게 되고, 업무 분야와 관련해서 약간의 문리(文理)가 트여 간다고 느낀다. 무엇보다도 중요한 것은, 을에게는 '꼭 성공하고 싶다'는 강한 욕망이 자리잡고 있었다.

처음에는 을도 의무감에서 일하기 시작했지만 일하는 재미뿐 아니라 자기 능력도 점점 커지고 있음을 확신하게 된다. 그래서 더 열심히 일에 전력을 다한다. 나는 을과 같은 유형의 삶을 사는 사람들을 '2차 함수 인생'이라고 표현하기도 한다. 아래 그림을 참조하라.

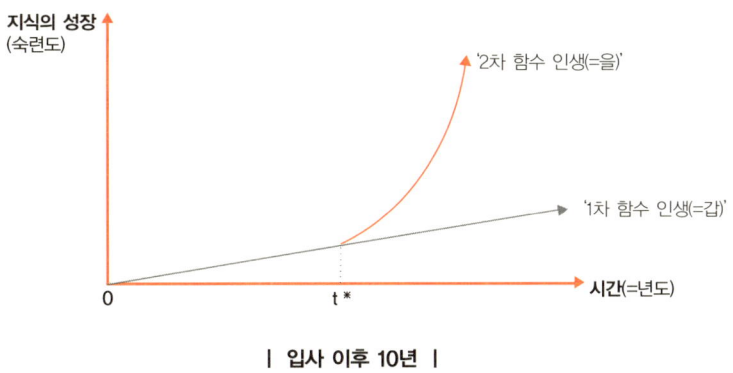

| 입사 이후 10년 |

갑의 두뇌 속에서 업무와 직간접으로 관련된 지식은 점진적인 축적, 즉 개선에 머물고 만다. 그러나 을의 두뇌 속에 있는 관련 지식은 '지식 폭발'이라 부를 수 있을 정도로 급속하게 증가한다. '10년 법칙'에 따르면 10년을 전후한 시기를 중심으로 지식 폭발이라 부를 수 있는 현상이 일어나게 된다. 갑과 을 두 사람의 차이는 있을지 모르지만 10년 동안 커다란 격차는 관찰할 수 없다. 그러나 일단 변곡점에 해당하는 t*를 벗어나기 시작하면 갑과 을의 차이는 좁힐 수 없을 만큼 크게 벌어진다. 한 사람은 평범함의 길을, 다른 사람은 비범함의 길을 걸어가게 되는 것이다. 두 사람 중 을은 인생 역전 스토리를 만들어 낼 수 있다. 그에게는 적절한 부와 명성, 즐거움과 행복감

이 함께하게 된다.

그래서 나는 "사회 구조가 문제다", "가진 사람들이 문제다", "문제는 양극화다" 등과 같은, 판에 박힌 주장을 신봉하지 않는다. 그렇게 말하는 사람들에게 나는 "전부를 걸고 한 번 진하게 살아 보라"는 조언을 아끼지 않는다.

직업과 인생의 승패는 많은 부분이 두뇌 속에 어떤 변화를 만들어 낼 수 있느냐에 따라 결정된다. 이와 같은 변화는 전적으로 개인의 선택에 의해 결정된다. 그래서 나는 곧잘 "선택하시오. 그리고 당신 자신이 책임지시오"라는 표현을 서슴지 않고 사용한다. 냉정하게 들릴 수 있지만, 나는 인간에 대한 강한 믿음을 갖고 있다. 두뇌의 조용한 혁명을 불러일으킬 수 있는 주체는 자기 자신뿐이다.

편의상 입사 초기 10년을 가정해서 설명했지만, 굳이 입사 초기 10년이라고 한정할 필요는 없다. 대기만성형인 사람들이 있다. 각성의 순간이 늦게 찾아오는 사람들도 있다. 40세 독자가 이 책을 읽는다면, '직장 초년에 읽었으면 얼마나 좋았을까' 하고 아쉬워할 수 있다. 그러나 나는 그렇게 생각하지 않는다. 인생의 어떤 시점에서든지 '10년 법칙'은 의미가 있다. 늦게 깨우쳤다면 그것대로 의미가 있다. 각성의 순간 이후 10년을 어떻게 보내느냐라는 문제로 해석하면 된다.

또한 40세라면 이미 다양한 경험들이 두뇌 속에 많이 축적되어 있을 것이다. 그런 경험들의 도움을 받을 수 있다면 10년이란 시간을 얼마든지 줄일 수도 있을 것이다. 날로 길어지는 평균 수명을 고려한다면 마흔은 아직 반환점도 돌지 않은 시점이 아닌가. 각성의 순간을 맞는 시점을 '10년 법칙'의 시작 시점으로 생각하면 될 것이다.

직업인으로서 성공하려면 초기 10년 동안 무엇을 해야 할까? 앤더 에릭슨 교수의 주장을 한마디로 요약하면 '정교한 연습(deliberate practice)'이다. 최소한 10년 전후에 집중적으로 정교한 연습을 해야만 전문가로서 성공할 수 있다는 말이다. 나는 에릭슨 교수가 강조하는 강도 높은 정교한 훈련이 일정 기간 있어야 한다는 말에 동의하지만, 직업적 성공에서 타고나는 능력 즉 유전적 요소를 완전히 배제하는 그의 견해에는 다소 이의를 갖고 있다. 이 부분은 뒤에서 다시 설명할 것이다.

직업적 성공에 필요한 요소는 특정 능력과 깊은 관련이 있다. 이런 능력들은 두뇌의 특정 부분과 연결되어 있기 때문에 '정교한 연습'이 반복적이고 지속적으로 이루어지면 특정 부분과 직간접으로 연결된 두뇌회로가 연습하지 않을 때에 비해 특정 기능을 더욱 잘 수행할 수 있도록 재구성된다. 연습하지 않을 때의 두뇌 회로가 성글게 이루어져 있었다면, 집중적인 연습 이후에는 회로가 점점 더 세밀하게 바뀌어 가는 것이다.

직업적 성공을 연구하는 학자들은 특정 분야에서 축적하는 양적인 경험이나 지식은 그다지 중요하지 않다고 주장한다. 특정 분야에서 몇 년간 일했다는 것이 직업적 성과와는 그다지 관련이 없다. 중요한 것은 성과를 개선하기 위해 이루어진 정성을 들인 노력이다.

얼마 전에 투자 은행 분야에서 발군의 실력을 보여 주는 대학 동창이 친하게 지내는 친구 부부와 아이들을 초청했다. 친구들이 자기 아이들에게 투자 은행의 업무와 직업 세계를 소개해 달라는 요청을 받아들인 것이다. 80여분의 강의 내내 동창이 강조한 것은 두 단어, 즉 연습과 준비였다. 에릭슨 교수의 주장처럼 일정 기간 연속적으로 이루어지는 정교한 연습에 견줄 만한 것은 없다.

10년 법칙에 따르면 10년을 전후한 시기에
지식 폭발이라 부를 수 있는 현상이 일어난다

10년의 정교한 열정이
당신을 자유로 이끈다

1946년 이스라엘에서 태어난 이작 펄만(Itzhak Perlman)은 미국에 건너가 유명한 바이올리니스트가 되었다. 그는 이렇게 말했다. "어렸을 때나 어른이 된 지금까지, 내 인생에 핵심이 되는 말을 고르라면 나는 주저 없이 '연습(practice)' 이라고 말하고 싶다."

네 살이 조금 못 되었을 때부터 바이올린을 시작한 그에게 연습이란 어떤 의미일까? 양이 문제가 아니라 정교하게 이루어지는, 질과 양이 결합된 연습만이 진정한 연습이다. 참나무 판에 한 자 한 자 조각하듯이 두뇌 속에 한 음 한 음 새기듯이 연습해야만 자신이 원하는 전문가로 성공할 수 있다는 뜻이다. 그의 이야기는 직업 세계에서 성공하기를 바라는 모든 사람이 깊이 새겨들어야 할 조언이다. 어떻게 일하고 경험해야 하는지 그의 이야기를 들어보자.

내가 평생토록 제자들에게 강조한 것 역시 '연습'이라는 단어다. 사소해 보이지만 연주자에게 연습만큼 중요한 것은 없다. 리브카 골드가르트 부인(이작 펄만에게 13년 동안 바이올린을 가르친 음악학교 교사로 늘 연습을 이작 펄만에게 강조함—편집자주)과 마찬가지로 내게도 젊은 음악도들을 연습시킬 때 특별한 규칙이 있다. 반드시 박자를 지켜 가며 천천히 연습해야 한다는 것이다. 아무리 많은 시간을 연습에 투자해도 전혀 실력이 나아지지 않는다며 불평하는 학생들이 있다. 이런 경우 어떤 식으로 연습했는지 보여 달라고 하면 십중팔구 지나치게 빠른 박자로 연습한 경우가 많다.

그 이유를 알기 위해선 손가락으로 미세한 음을 반복할 때 뇌의 움직임을 살펴볼 필요가 있다. 예를 들어 파가니니(N.Paganini)의 복잡한 악절처럼 복합적인 정보를 습득하기 위해 뇌는 반드시 확실하고 정교한 입력을 요구한다. 그런데 바이올리니스트가 복잡한 악절을 미친 듯 내달리며 연습할 경우 뇌는 필요한 정보를 정확히 받아들이지 못해 결국 제대로 된 정보를 손가락으로 전달할 수가 없다. 학생들에게 느린 박자로 연습하라고 하는 건 이 같은 이유 때문이다.

연습이란 음악가의 실력을 키워 주는 것 외에도 궁극적으로 음악가 자신과 맺은 중요한 약속이다. 음악이든 수학이든, 혹은 테니스의 백핸드 기술이든, 자신이 관심을 갖고 있는 일에서 진정한 실력자가 되고 싶다면 최고가 되겠다는 목표를 세우고 아껌없이 시간을 투자할 수 있어야 한다.

말로 토마스, 『나를 바꾼 그때 그 한마디 1』, pp.356~357

나는 작가, 강연가로서 일하면서 다른 활동들도 하고 있다. 그러나 그 중에서도 작가로서의 능력과 강연가로서의 능력 배양에 가장 많은 시간을 쏟는다. 그런 능력을 발전시키기 위해 과거에 내가 어떻게 해 왔는지, 지금 어떻게 하고 있는지 돌이켜 보면 이작 펄만의 경험과 거의 차이가 없다.

작가로서의 능력은 그야말로 연습의 산물이다. 다른 사람들처럼 학창 시절 특별한 훈련을 받은 것은 아니다. 논술이나 글짓기, 작문에 대해 특별 교육을 받은 적은 없다. 15년 전부터 원고지 10장, 즉 2,000자를 쓰는 훈련이 오늘날 작가로서의 토대가 되었다고 생각한다. 특정 주제를 선정하고 그 주제를 원고지 10장에 맞추어서 쓰는 작업을 수없이 반복했다. 기계적이고 단순한 반복이 아니다. 더 나은 글을 쓰기 위해서 개선 방법을 찾고 그것에 맞추어서 새로운 방법을 찾아내는 일련의 과정이었다.

지금도 나는 거의 하루도 거르지 않고 원고지를 메우는 작업을 한다. 신문, 잡지, 책 등 어떤 형식이든지 지속적으로 글을 쓰는 작업을 하고 있다. 이작 펄만이 바이올린을 연습하는 일은 내게 있어 글을 쓰는 일이다. 글을 쓰면서 두뇌에 정교한 도로망이 형성되어 가고 있다는 생각을 한다. 대작을 남기려면 이따금 글을 써야 하지 않느냐고 말하는 사람도 있지만 나는 그렇게 생각하지 않는다. 습작하듯이 꾸준히 쓰는 것만이 대작으로 가는 지름길이라고 확신한다.

　강연도 마찬가지다. 수없이 강연을 반복하면서 청중들의 욕구와 필요를 파악하고, 이들에게 적절한 컨텐츠를 재구성하고, 좋은 평가를 받을 수 있도록 전달하는 능력 또한 또 다른 지적 프레임워크에 해당한다. 정교한 훈련이 이 모든 것을 만들어 내고 있다고 보면 된다. 강연을 요청 받으면 나는 반드시 일정한 양식의 강연 청탁서에 필요 사항을 알려달라고 요구한다. 그러면 고객들이 어떤 사람이며 무엇을 원하는지, 내가 어떤 내용을 들려주면 가격 대비 가치가 가장 높은 강연이 될 수 있는지 추측할 수 있다. 이 모든 능력은 횟수가 반복되면서 훨씬 더 정교해지고 있다는 느낌을 받는다.

　이작 펄만의 경험이나 공병호의 경험이나, 보편적으로 직업인의 성공에 필수적인 과정이나 절차라고 생각한다. 두 사람은 분야, 연령, 경험, 지식 등 어느 한 분야에도 공통점이 없지만 자기 분야에서 정상을 향한 열망을 갖고 있다는 점만은 비슷할 것이다. 그러기 위해서 두 사람이 기꺼이 통과해야 할 과정도 거의 비슷하다. 이것은 나로 하여금 인간의 두뇌 활동에 관심을 기울이게 하고도 남는다.

10년 정도 집중적인 정교한 연습을 해야만
전문가로서 성공할 수 있다

두뇌의 변화,
그 흥미진진한 수수께끼

두뇌는 순간 순간 자신이 기울이는 노력과 자신이 처한 환경에 따라 계속 재창조되고 있다. 서울대 의대에서 두뇌 연구를 오랫동안 해온 서유헌 교수는 뇌의 지속적인 성장 가능성을 이렇게 말한다.

태어난 순간부터 뇌는 '사용하라, 그렇지 않으면 잃게 된다'는 원칙에 따라 움직인다. 뇌는 적절히 쓰면 쓸수록 좋아지나 사용하지 않는 회로는 사라지게 된다. 다양한 차원으로 뇌 부위간의 상호 작용이 끊임없이 일어나서 인간의 인식과 활동, 습관을 형성한다. 심지어 노령에도 뇌는 여러 가지 자극을 받으면 끊임없이 변화한다.

우리는 기본적으로 자기 뇌를 '창조'한다. 각 개인의 노력과 독특한 인생 경험에 따라 신경 세포들 사이의 어떤 연결은 강화되고 발달되나 어떤 회로는 약화되거나 사라지게 된다. 손가락이 잘려 사용할 수 없게 되면 그 손가락을 지배하던 뇌신경 세포들은 약화되고 다른 손가락을 지배하는 신경 세포에 합류한다. 이처럼 뇌는 유전적 지시보다는 환경과 노력 여하에 따라 자신의 구조를 역동적으로 재구성한다.

서유헌, 『나는 두뇌짱이 되고 싶다』, p.55

이처럼 인간의 두뇌 속에서 일어나는 변화를 추측할 수 있는 동물실험 연구 결과가 있다. 1996년 캘리포니아의 솔크생물학연구소는 완전히 다른 두 개의 환경에서 성장한 쥐의 두뇌를 비교한 연구 결과를 영국의 과학 잡지 『네이처』에 발표했다. 40일간 행해진 이 연구에서 한 그룹의 실험용 쥐들은 넓은 공간에서 장난감과 운동용 바퀴, 터널 등이 제공된 넓은 사육장에서 성장했다. 반면 다른 그룹의 쥐들에게는 평범한 실험실용 사육장에서 먹을 것과 물만이 제공되었다. 한 쪽은 학습과 자극이 주어지는 환경, 다른 한 쪽은 아무 자극이 주어지지 않는 평이한 환경이 제공된 것이다.

그 결과, 넓은 공간에서 장난감을 갖고 생활한 쥐들의 경우 단조로운 환경에서 성장한 쥐들에 비해 뇌의 해마상 융기의 돌기 부분에 있는 뇌 세포, 즉 뉴런의 수가 약 15퍼센트 늘어나 있었다. 숫자로 계산해 보면 뇌 세포가 평균 4만개 더 많은 것이다. 공동연구자인 독일 레겐스버그 대학교의 거드 캠퍼만(Gerd Kemperman) 박사는 "뇌 세포의 분화 속도는 어느 생쥐 집단에서나 동일하므로 좋은 환경에서 생활한 생쥐들이라고 해서 뇌 세포를 더 많이 분화시켰다고 결론지을 수는 없다. 대신 좋은 환경이 새로 분화된 뇌 세포를 더욱 많이 생존시킨 것 같다"고 말한다. 좋은 환경에서 생활한 생쥐들의 신생 세포 생존율은 그렇지 않은 생쥐 집단보다 60퍼센트나 높다는 사실이 캠퍼만 박사의 이야기를 뒷받침하고 있다.

한편 솔크생물학연구소의 프레드 게이지(Fred H. Gage) 교수는 이렇게 말한다. "이번 연구는 뇌의 형성이 끝나지 않은 새끼 생쥐들을 대상으로 한 것이 아니라 다 자란 어른 생쥐들을 대상으로 했다는 점에서 놀랍다. 이 결과를 사람의 학습 및 정신 개발과 관련해 적용해 본다면 나이가 많다고 해서 늦을 것은 아무것도 없다. 어린 시절에 자극이 많은 환경에서 자라는 것도 중요하지만 나이 든 상태에서도 지적 자극은 뇌의 형성에 여전히 영향을 미칠 수 있다."

뇌의 성장에 대한 두 사람의 연구는 지금도 계속되고 있다. 1999년 2월 25일자 『네이처 뉴로사이언스』지에는 프레드 게이지 교수가 실시한 또 하나의 흥미로운 실험 결과가 공개되었다. 약 12일 동안 자발적으로 규칙적인 운동을 할 수 있는 생쥐 집단과 그렇지 않은 집단을 연구한 결과는 이랬다. "자발적으로 규칙적인 운동을 할 수 있는 생쥐들의 새로운 두뇌 세포가 그렇지 않은 집단에 비해서 2배 정도 늘어났다." 프레드 교수는 이렇게 지적한다. "이런 차이는 놀랍다. 달리기나 활력을 주는 운동이 두뇌 세포의 생산에도 마찬가지로 긍정적인 영향을 미친다고 보기 때문이다. 이제까지 두뇌 연구자들은 출생 이후에 새로운 두뇌 세포를 증가시키는 것은 불가능하다고 오랫동안 믿었기 때문이다." 그렇다면 달리기를 하는 생쥐가 더 똑똑하다고 할 수 있을까? 프레드 교수는 "우리는 아직까지 그에 대한 답을 할 수 없다. 하지만 오랫동안 학습과 기억에 중요한 역할을 하는 해마라는 두뇌 영역에서 새로운 세포 성장이 일어난다"고 대답한다.

한편 거드 캠퍼만 교수는 이런 연구 결과가 알츠하이머 같은 불치병 치유에 시사하는 바가 크다는 점을 밝혔다. 물론 그는 동물 연구 결과를 인간에게 바로 적용하는 것은 주의해야 한다고 지적했다. 그러나 다양한 자극을 주는 환경에서 지낸 생쥐들의 학습과 암기 관련 신경 세포가 늘어날 수 있다는 점은 확실하다. 중년 이후의 인간들 또한 지적으로나 육체적으로 활발함을 유지함으로써 인지 능력의 저하나 알츠하이머처럼 신경 장애 질병을 피할 수 있을 것이다. 게다가 일상적인 인지 활동과 새로운 기억의 저장 장소로서 중요한 구조물인 해마에서 새로운 신경 세포가 성인의 경우에도 계속해서 만들어 낼 수 있다. 이 사실은 노화가 일으키는, 인지 능력이 낮아지는 현상이나 알츠하이머 같은 질병을 피하려면 무엇을 해야 하는지 가르쳐 준다. 풍부한 환경에서 지낸 생쥐일수록 '해마상 융기 부분의 뇌 세포 생산'이 증가한다는 사실은 우리가 순간 순간 의식적인 활동을 통해서 얼마든지 뇌를 재창조해 나갈 수 있음을 말해 준다.

얼마 전만 해도 대다수의 두뇌 전문가는 사춘기나 늦어도 청년기에 이르면 뇌의 구조와 기능이 거의 고정된다고 믿었다. 많은 사람들이 이 가설을 거의 진리처럼 받아들였다. 그러나 최근의 두뇌 연구는

'두뇌의 변화에 대한 능력' 즉 '적응성(plasticity)'에 주목하고 있다.

한마디로 두뇌는 시시각각 외부에서 두뇌 속으로 투입되는 요소들, 이를테면 사고나 감정 그리고 행동에 의해 상태가 변해 간다. 우리 두뇌 상태는 어제와 오늘이, 오전과 오후가, 한 시간 전과 지금이 다르다. 무엇을 생각하는지, 무엇을 경험하는지, 무엇을 느끼는지에 따라 두뇌 상태는 시시각각 바뀐다. 두뇌 연구를 대중화시키는 데 큰 역할을 한 조지타운 대학 의대 교수인 리처드 레스탁(Richard Restak) 박사는 "사람이 살아 있는 한 뇌는 적응성, 곧 변화하는 능력을 유지하면서 일평생 발전을 거듭한다"고 말한다.

여러분은 풍부하고 다양한 경험을 선택함으로써 여러분이 갖게 될 두뇌의 종류를 미리 결정할 수 있습니다. 그 과정은 요람에서 무덤까지 계속됩니다. 두뇌가 평생토록 환경에 맞춰 적응해 간다는 이러한 통찰은 비교적 최근에 밝혀졌습니다. 제가 인간의 두뇌에 대해 처음으로 책을 쓴 1979년 당시만 해도 성숙한 어른의 두뇌에 적응성이 있다는 말은 별로 듣지 못했습니다. 당시 과학자들을 포함한 대부분의 사람들은 두뇌가 성숙해 일단 신경 세포가 연결되면 그 상태로 굳었다가, 나이가 들면 마침내 끊어진다고 믿었습니다. 두뇌의 실제 구조가 민감하게 변한다고 생각한 사람은 드물었습니다.

요즘은 많은 실험과 연구 덕택에 두뇌가 생각보다 훨씬 유연하며 변화에 민감하다는 사실이 밝혀졌습니다. 우리가 우리 두뇌

의 구조와 기능에 긍정적인 변화를 가져오기 위해 힘쓸 것인지,
아니면 두뇌를 사용하지 않아 기능 퇴화를 겪도록 내버려둘 것
인지가 핵심 문제입니다.

리처드 레스탁, 『두뇌운동』, p.10

‘적응성’ 이라는 한 단어만으로 두뇌와 직업적 성공 사이에 중요
한 관계가 있다는 것을 알 수 있다. 어떻게 사고하고, 어떤 경험을 할
것인지 등 우리가 의식하지 않고 행동하는 것에 의해 매순간 두뇌를
새롭게 만들어 가는 프로젝트를 수행하고 있는 것이다. 이런 과정을
정확하게 이해한다면 직업적 성공에 필요한 행동을 할 수 있다.

두뇌의 변화를 직접 볼 수 없는 시대에도, 두뇌가 투입 요소에 따
라 계속 변화해 가는 기관이라는 점에 주목한 사람들이 있었다. 심리
학의 아버지라 불리는 윌리엄 제임스는 1890년에 집필한 명저, 『심
리학 원리』에서 "인체에서는 일생을 통하여 뇌신경을 형성하는 물질
만큼 재구성 활동을 왕성하게 하는 부분은 없다"고 말했다. 두뇌와
신경 계통에서는 얼마든지 반복적인 훈련에 따라 새로운 기관을 만
들어 갈 수 있다는 내용을 이렇게 강조하고 있다.

유기체 각 부분은 습관적으로 훈련된 모양에 맞게 자신의 형태
를 갖추는 경향이 있다는 것과, 이 경향이 신경 장치의 기능적
작용을 가능하게 하는 조건인 부단한 재생 덕택으로 신경장치
에서 특별히 강하다는 일반화된 원리로부터 대뇌가 예외라 할

만한 하등의 이유가 없기 때문이다. 사실 아주 강하거나 습관적으로 반복되어 관념이 형성된 모든 의식 상태는 대뇌에 깊은 인상을 남기고, 그 인상 덕택으로 장차 어느 때라도 그 인상을 자극시키는 데 적합한 암시가 있으며 그 암시에 반응하여 앞서와 동일한 의식 상태가 재생되리란 것은 의심의 여지가 없다.

'어렸을 때 연합된 것이 강도가 높다' 란 것은 보편적으로 인정된 사실이고, 그 표현은 격언이 되었으며, 이 격언은 성장과 발달이 진행하는 시기에는 뇌 형성 작용이 외부에서 지시되는 대로 가장 잘 따른다는 생리학의 원리와 정확하게 일치한다. 따라서 어릴 때에 '암기' 한 것은 대뇌에 (말하자면) 낙인되어 그 '흔적' 이 의식에서는 완전히 사라지더라도 영원히 없어지는 일은 없게 된다. 왜냐하면 성장 도중에 있는 뇌에 신체 기관의 변용이 일단 고착되면 그 변용된 것이 정상적인 뇌 구조의 일부가 되고 영양을 섭취하는 신진대사에 의해서 규칙적으로 유지되어, 상처 자국처럼 일생 동안 끝까지 지속되기 때문이다.

윌리엄 제임스, 「심리학 원리 1」, pp.202~203

오늘날 과학 기술의 눈부신 발전에 힘입어 우리는 윌리엄 제임스 교수의 지적을 직접 두 눈으로 확인할 수 있게 되었다. 투입되는 요소들에 의해서 두뇌가 시시각각 그 구조와 기능이 바뀌어 가는 현장을 직접 지켜볼 수 있다. 과학 기술은 두뇌 속에서 실제로 일어나는 일을 생생하게 실황으로 중계 받을 수 있도록 도와준다.

당신이 한 회사의 영업 업무를 오랫동안 맡은 전문가며, 신규 상품 판매를 위한 프로젝트 때문에 고심하고 있다고 가정하자. 과연 두뇌에서는 어떤 일들이 일어날까? 우선 고도의 정신 활동이 이루어지는 대뇌피질에서 변화가 일어날 것이다. 대뇌피질은 두께가 1밀리미터도 안 되는 얇은 껍질이지만 두뇌 세포 조직의 약 85퍼센트가 들어 있으며 시각, 청각, 촉각 등 영역별로 전문화되어 있다. 대뇌피질의 90퍼센트 이상은 연합피질로, 피질의 다른 영역에서 수집한 정보를 통합하면서 인간의 다양한 인지 기능을 처리한다.

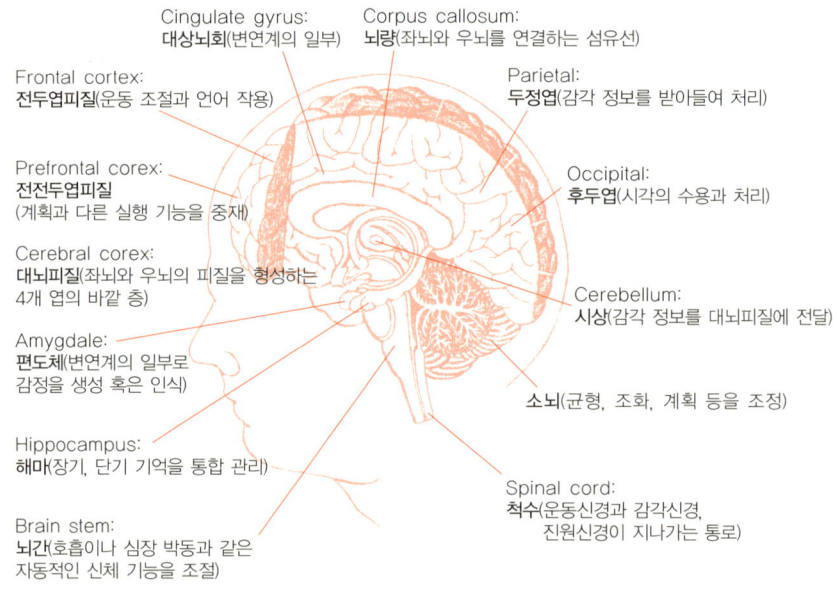

Cingulate gyrus:
대상뇌회(변연계의 일부)

Corpus callosum:
뇌량(좌뇌와 우뇌를 연결하는 섬유선)

Frontal cortex:
전두엽피질(운동 조절과 언어 작용)

Parietal:
두정엽(감각 정보를 받아들여 처리)

Prefrontal corex:
전전두엽피질
(계획과 다른 실행 기능을 중재)

Occipital:
후두엽(시각의 수용과 처리)

Cerebral corex:
대뇌피질(좌뇌와 우뇌의 피질을 형성하는
4개 엽의 바깥 층)

Cerebellum:
시상(감각 정보를 대뇌피질에 전달)

Amygdale:
편도체(변연계의 일부로
감정을 생성 혹은 인식)

소뇌(균형, 조화, 계획 등을 조정)

Hippocampus:
해마(장기, 단기 기억을 통합 관리)

Spinal cord:
척수(운동신경과 감각신경,
진원신경이 지나가는 통로)

Brain stem:
뇌간(호흡이나 심장 박동과 같은
자동적인 신체 기능을 조절)

| 두뇌 투시도 |

출처: Richard Restak, *Mozarts Brain and the Fighter Pilot*, p.22

목적을 갖고 사고하기 시작하면 프로젝트 수행과 관련된 대뇌피질의 특정 영역에 혈액이 몰리기 시작한다. 과거에는 신경 세포들에 어떤 일들이 일어나는지 관찰하기 힘들었다. 그러나 양전자방출단층촬영술(PET scanning)이나 기능성자기공명영상(fMRI) 같은 기술로 인해, 능동적인 인식 작업을 수행할 때 두뇌의 특정 부위에서 일어나는 포도당 소비, 산소 소비, 혈액 흐름, 신경전달물질과 호르몬에 대한 수용체의 위치 변화를 통해 대뇌피질의 어떤 부분에서 관련 활동이 일어나는지를 영상으로 확인할 수 있다. 지적 활동을 할 때 특정 부분을 중심으로 한 혈액 흐름 증가를 관찰하는 것은, 활동 중인 마음을 관찰하는 것으로 이해할 수 있다.

그러나 신규 시장 개척이라는 목표를 생각하는 것만으로는 부족하다. 일단 목표를 달성해야겠다고 마음먹으면 목표를 달성해서 의기양양한 모습이나 목표를 달성하지 못해 풀이 죽은 모습을 머리에 떠올릴 것이다. '그래, 나는 꼭 성공해야 해. 절대 실패해선 안 돼' 라는 의욕을 갖게 될 것이다. 그와 동시에 어떻게 목표를 달성해야 하는지 찾아내려고 노력할 것이다.

이 같은 과정들은 어떻게 두뇌 속에서 이루어지는 것일까? 두뇌의 앞 부분에 해당하는 전두엽(Frontal Lobes: 지적, 문제해결, 단기기억, 운동 계획, 수학적 계산, 작동 기억 등과 같은 인지 활동을 조정)에서도 앞이마에 해당하는, 두뇌의 가장 앞 부분인 둥근 돌출부를 전전두엽(Prefrontal Lobe: 조직화, 계획, 연속, 동기와 같은 실행기능, 자기통찰, 정서통제 등을 조정)이라고 한다. 이곳에서는 목표를 머리 속에 그리고, 목표 달성을 위한 계획을 세우고, 목표 달성을 위한 결심을 하는 등의 기능이 이루어진다.

전전두엽은 모든 계획적인 행동에 필요한 의지나 의도를 만들어내는 곳이다. 그러나 의지나 의도만으로는 부족하다. 행동이 뒤따라야만 하는데, 이때 동원되는 부분이 대뇌피질 가운데 운동을 담당하는 영역들과 소뇌(cerebellum)다. 전전두엽으로부터 명령을 받은 대뇌피질의 운동신경들과 소뇌는 직접 행동에 들어간다.

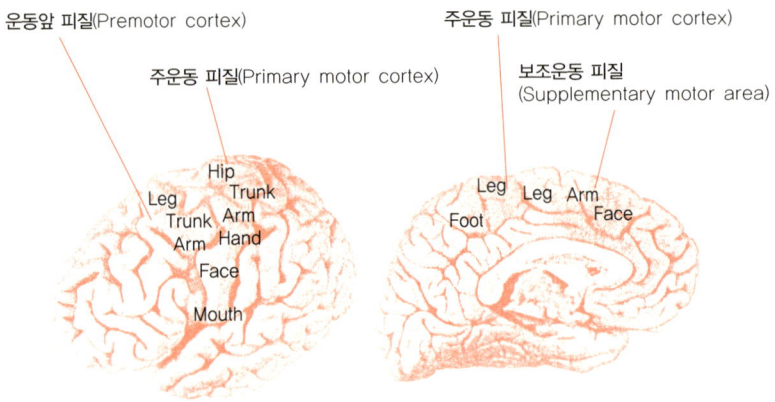

| 대뇌피질 내의 운동 담당 영역 |

출처: John Nolte, 안의태 외 12명 공역, 『임상신경해부학』, p.456.

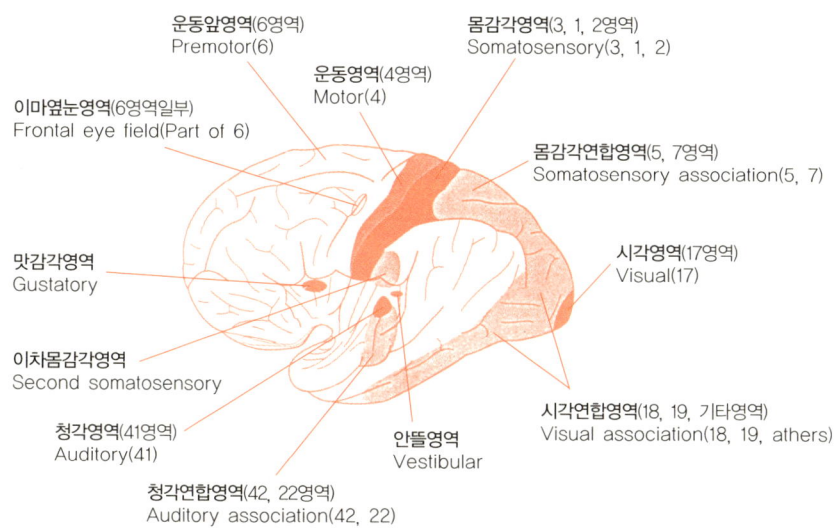

운동앞영역(6영역)
Premotor(6)

운동영역(4영역)
Motor(4)

몸감각영역(3, 1, 2영역)
Somatosensory(3, 1, 2)

이마옆눈영역(6영역일부)
Frontal eye field(Part of 6)

몸감각연합영역(5, 7영역)
Somatosensory association(5, 7)

맛감각영역
Gustatory

시각영역(17영역)
Visual(17)

이차몸감각영역
Second somatosensory

시각연합영역(18, 19, 기타영역)
Visual association(18, 19, athers)

청각영역(41영역)
Auditory(41)

안뜰영역
Vestibular

청각연합영역(42, 22영역)
Auditory association(42, 22)

| 대뇌피질 내의 주요 영역 요약 |

출처: 『임상신경해부학』, p.539

특히 소뇌는 운동을 직접 담당하는 관련 근육에 지시를 내리기 이전에 대뇌피질에서 만들어 제공한 행동 계획을 갖고 운동신경 프로그램으로 번역하는 곳이다. 소뇌는 신체의 근육 활동을 요구하는 거의 모든 활동에 관여하고 있으며, 무려 수십만 가지의 행동이 질서를 유지할 수 있도록 프로그램화하는 특별한 기능을 갖고 있다. 대뇌피질이 행동 계획을 담당하고, 소뇌가 운동신경 프로그램을 마련해 관련 근육을 움직임으로써 사고와 행동은 거의 동시에 이루어지게 되는 것이다.

새로운 시장 개척 프로젝트는 단 한 번의 사고로 끝낼 수 있는 것이 아니다. 당신은 프로젝트를 성공시키기 위해 계속 더 좋은 방법을 찾아내려고 노력할 것이다. 두뇌 입장에서 볼 때 이런 활동은 일종의 반복된 훈련이다. 훈련 과정에서 대뇌 피질과 소뇌의 관련 부분은 수시로 활성화된다. 이때 관련 신경세포 즉, 뉴런들의 연결망은 관련 활동을 더욱 잘 수행할 수 있도록 늘어난다. 따라서 지적 훈련을 반복할수록 관련 영역의 신경세포의 밀도는 높아진다.

우리의 뇌는 매순간 자신이 기울이는 노력과
자신이 처한 환경에 따라 계속 재창조되고 있다

반복 훈련으로 성공 유전자를 만들다

　반복 훈련을 하는 동안 두뇌 속에서 일어나는 일들에 대해서 미국 국립연구원의 두뇌인지연구소를 이끌고 있는 레슬리 웅거라이더 (Leslie G. Ungerleider) 박사의 연구 결과를 참조할 필요가 있다. 그는 연구에 자발적으로 참여하는 사람들을 모집한 다음 손가락을 움직이는 동작을 반복하면서 어떤 기술을 익히도록 하고 매주 기능성자기 공명영상(fMRI)으로 뇌에서 일어나는 변화를 촬영했다.

　훈련을 시작한 지 3-4주가 지나자 참가자들의 뇌는 세부분에서 연속적으로 활동 양상이 달라지고 있었다. 이 세부분은 행동에 대한 의지를 조절하는 전전두엽의 피질과 근육의 운동순서와 움직임을 조절하는 보조 운동피질, 행동에 대한 실행명령을 내리는 주운동피질이었다. 이 실험은 뇌의 일반원리, 즉 전전두엽의 피질과 보조 운동

피질에서 실행 계획을 세운 다음 주 운동피질에서 구체적인 행동으로 옮겨진다는 원리를 확립하는 계기가 되었다.

특정한 훈련을 진행하면 새로운 신경세포들이 특정 행동을 담당하는 신경 네트워크로 보강된다. 처음에는 지극히 소수의 신경세포만 이 과정에 포함되지만, 훈련이 강화됨에 따라 그 수는 계속 늘어난다. 무엇보다 흥미로운 사실은 이런 뇌의 변화가 일년 후에도, 심지어 더 이상 훈련을 하지 않을 때도 발견된다는 점이다.

리처드 레스탁, 「새로운 뇌」, p.18.

여기서 관심을 끄는 부분은 특정한 행동을 담당하는 신경 네트워크가 반복적인 훈련을 통해서 보강되는 과정이다. 이것은 직업 세계를 살아가는 사람들에게 큰 의미를 지니고 있는 부분이다. 직업인으로서 성공 여부가 바로 이 부분과 깊이 연결되어 있기 때문이다. 우선 신경 네트워크가 보강되는 과정을 이해하기 위해서는 신경세포의 다섯 가지 특징을 알아야 한다.

첫째, 신경세포는 정보를 전달하는 일을 맡으며 증식능력이 없다. 증식을 계속하는 체세포와는 달리 신경세포는 하루에도 수만 개가 죽기 때문에, 70세 정도가 되면 갓 태어났을 때 비해서 두뇌 무게는 5퍼센트 정도 줄어든다. 보통 사람들은 약 천억 개의 신경세포를 갖고 있으며 이 중 약 10퍼센트 이하를 사용하고 있는 것으로 알려져 있다.

둘째, 신경세포는 증식 능력이 없는 것으로 알려져 있지만, 예외적으로 대뇌피질 안쪽에서 기억과 관련된 기능을 맡고 있는 '해마'는 사용하기에 따라 세포 증식이 이루어질 수 있음이 연구에 의해 이미 밝혀진 바가 있다.

셋째, 신경세포는 생명체 유지에 필요한 대사와 합성을 진행하는 기관으로 '대사체', '수상돌기', '축삭', '시냅스'로 이루어져 있다. 신경세포의 중심에 해당하는 '대사체'는 핵과 유전자(DNA), 미토콘드리아를 가진 세포로 다수의 신경돌기와 한 개의 축삭을 갖고 있다.

신경세포를 특징짓는 뚜렷한 특징은 '신경돌기(신경섬유)'라는 독특한 구조에 있다. 세포에서 실처럼 늘어진 섬유인 신경돌기는 두 가지 종류로 이루어져 있다. 하나는 정보를 받아들이는 기능을 담당하는 '수상돌기(가지돌기)'이고 다른 하나는 정보를 전달하는 기능을 담당하는 '축삭'이다. 수상돌기는 튼튼하고 두꺼우며 나뭇가지처럼 여러 개로 이루어져 있는 반면, 축삭은 가늘고 약한 하나의 줄기다.

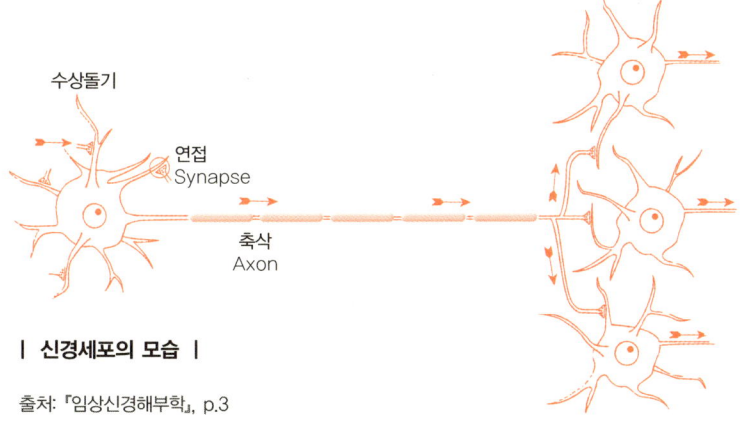

| 신경세포의 모습 |

출처: 『임상신경해부학』, p.3

넷째, 신경세포는 신경돌기를 늘리려는 강한 성향을 지니고 있기 때문에 궁극적으로 '신경회로(신경네트)망'을 형성한다. 한 개의 신경세포는 세포에서 나온 신경돌기를 통해서 약 만 개의 다른 신경세포와 연결되어 있기 때문에 우리 뇌 속에는 신경회로만 하더라도 약 천억 개나 존재한다. 천억 개나 되는 신경세포에서 각각 만 개나 되는 신경돌기가 나와서 서로 얽히고 설킨 신경회로망으로 이루어진 찬란한 구조물이 머리 속에 들어 있다고 생각해 보라. 한편 신경돌기 끝부분에 있는 '성장원추'는 곤충의 더듬이처럼 다른 신경세포가 있는 곳을 쉽게 알아차려 그 방향으로 신경돌기를 뻗어갈 수 있도록 되어 있기 때문에, 신경세포들은 복잡한 신경회로망을 쉽게 만들 수 있다.

다섯째, 신경세포 사이의 연결 고리는 시냅스가 담당하고 있다. 신경세포들은 서로 연결된 회로처럼 보이지만, 각 신경세포 사이에는 미세한 간격이 존재하며 이를 '시냅스 간격'이라고도 한다. 시냅스 간격 사이의 거리는 20나노미터, 머리카락 직경의 4천분의 1에서 5천분의 1 정도밖에 되지 않는다. 신경회로를 흐르는 정보인 전기신호, 즉 '활동전위'는 혼자 힘만으로 이 미세한 간격을 뛰어넘을 수 없기 때문에 시냅스에서 방출되는 신경전달물질의 도움을 받아서 화학물질로 바뀐 다음 건너편 시냅스의 하나인 '수용체 채널'을 통해 다시 한 번 전기신호로 바뀐다. 도쿄대에서 두뇌를 연구하는 이케가야 유우지(池谷裕二) 박사는 이렇게 말한다.

시냅스란 전기신호→화학신호→전기신호라는 변환을 수행하

기 위한 작은 공장이다. 이러한 변환의 전체 과정은 1000분의 1초라는 놀랄 만큼 짧은 순간에 이루어진다. 생물은 이런 엄청난 메커니즘을 획득했기 때문에 지금까지 진화해 올 수 있었을 것이다. 시냅스의 전달구조는 수많은 생명 현상 중에서도 가장 아름답게 완성된 구조다. 동물은 모든 사고와 행동에서 신경세포의 지배를 받는다. 즉 '신경활동' 이야말로 생명의 근원이라 할 수 있다. 따라서 그 신경세포 내에 이렇게 정교한 장치가 갖추어져 있다는 사실은 생각할수록 놀랍다.

이케가야 유우지, 『뇌, 기억력을 키우다』, p.111

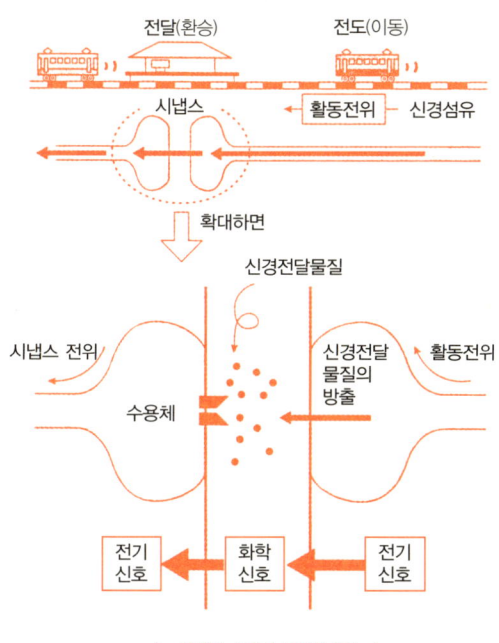

| 시냅스 전달 메커니즘 |

출처: 이케가야 유우지, 『뇌, 기억력을 키우다』, p.104

신경세포의 특징에 대한 기초 지식을 바탕으로 반복 훈련과 두뇌 회로망 사이의 관계를 살펴볼 필요가 있다. 반복 훈련이란 직업 세계에서 저마다 전문가가 되기 위해서 들이는 노력을 뜻한다. 음악가나 운동 선수뿐 아니라 지식 근로자라 불리는 대다수 사람들이 반복 훈련이 두뇌회로망에 어떤 변화를 가져오는지에 대한 사전 지식을 갖고 있다면, 직업인으로 어떻게 살아야 하는지에 대한 유익한 도움을 받을 수 있을 것이다.

10년 법칙을 성공적으로 행하기 위해서는
반복 훈련이 필요하다

의도적인 학습은
반드시 필요하다

07

무엇인가를 꾸준히 배운다는 것은 두뇌의 회로망을 의도적으로 변화시켜 나가는 것이다. 생각을 가다듬고 수없이 많은 원고지를 메우는 일은 작가의 역량을 강화하는 일이지만, 두뇌라는 측면에서 이해하면 두뇌의 신경회로망을 바꾸는 일이다. 외국어를 배우기 위해 노력하는 것 역시 두뇌 속에 모국어가 아닌 새로운 신경회로망을 만들어 내는 것이다. 업무 능력을 강화하기 위해 꾸준히 노력하는 것 역시 두뇌의 기존 신경회로망을 강화하는 것, 혹은 새로운 신경회로망을 구축하는 것이다.

학습은 일종의 기억이며, 기억은 '신경회로망의 변화 혹은 새로운 패턴을 만들어 가는 일'이다. 그렇다면 두뇌의 신경회로망은 어떻게 새롭게 만들어지는가? 두뇌 신경회로망 형성에 대한 연구는 여전히 진행 중이기 때문에 가설이라고 부르는 것이 합리적이다. 이케가야 유우지 박사의 설명에 따르면 새로운 신경회로망의 형성과 관련한 세 가지 가설이 있다.

첫 번째 가설은 새로운 신경세포가 생겨나는 것이다. 입력을 담당하는 신경세포 A와 출력을 담당하는 신경세포 B 사이의 신경회로가 A→B였다면, 새로운 신경세포 C가 생겨나서 새로운 신경회로 즉, C→B가 생겨나는 경우다. 앞에서 이미 설명했듯이 신경세포는 해마 부분을 제외하면 증식을 할 수 없기 때문에, 새로운 신경세포의 증식에 따른 새로운 신경회로망의 탄생은 거의 불가능하다고 할 수 있다.

두 번째 가설은 시냅스라는 연결고리가 새로 생겨나는 것이다. 처음에 A, B, C라는 신경세포가 존재했지만 신경회로망은 A→B만 존재했다고 하자. 그러나 외부의 지속적인 자극에 따라서 또 하나의 신경회로망이 만들어지게 되는 경우다. A→C라는 새로운 회로의 생성을 두고 '발아(發芽)'라는 용어를 사용하기도 한다. 최근 연구에 따르면 시냅스가 '발아'하기 위해서는 몇십 분에서 며칠이 걸린다고 한다. '발아'는 새로운 신경회로를 만드는 방법 중 하나라고 할 수 있다.

세 번째 가설은 기존 신경회로에 자극을 증가시킴으로써 시냅스의 변화를 가져오는 것이다. 이미 기존 연구에서 충분히 확인된 가설 중 하나다. 이케가야 유우지 박사는 자신을 포함해서 다른 두뇌 연구자들이 새로운 신경회로 형성에 동의하는 방법 중 가장 설득력 있는 것이 기존 시냅스의 강화가 가져오는 신경회로망의 형성이라고 말한다.

이는 우리가 평소에도 얼마든지 확인할 수 있다. 어떤 일이든 꾸준히 노력하면 그 일을 하는 데 필요한 숙련도를 얻게 된다. 이것은 두뇌라는 면에서 보면 세 번째 가설과 맞아떨어진다. 반면 집중적으로 외국어를 연마하기 위해 노력하는 동안에는 어느 정도 수준까지 끌어올릴 수 있지만, 오랫동안 외국어를 사용할 기회가 없으면 이와 관련된 신경회로망은 과거처럼 원활하지 못하다는 사실을 깨달을 때가 많다.

즉 꾸준한 노력은 기존의 신경회로망을 좁은 도로에서 사통팔달(四通八達)의 대로로 바꾸는 것이다. 이케가야 유우지 박사는 세 번째 가설에 이런 설명을 덧붙이고 있다.

> 세 번째 가설은 시냅스의 전달 효율이 상승하는 것이다. 겉으로 볼 때에는 신경세포나 시냅스 수가 변하지 않지만 두 개의 신경세포 사이에서 신호 교환이 쉽게 일어난다. 전기회로에 비유하자면 저항이 작아져서 전기가 잘 흐르게 되는 원리다. 약간 이해하기 힘든 방법이지만, 평상시에는 저항이 커서 전달 효율이 좋지 않아 거의 사용되지 않던 시냅스가 저항이 작아지면서 정보가 잘 전달되게 되었다면 전체적으로 새로운 회로가 형성되었다고 할 수 있다. 요컨대 시냅스의 기능적 연결이 강화된 것이다. 이를 '시냅스의 가소성(시냅스가 어떤 계기에 의해 변화를 일으키게 되면 그 계기가 사라져도 변화된 상태로 남아 있게 되는 현상)이라고 부른다." 이케가야 유우지, 『뇌, 기억력을 키우다』, pp.147~148

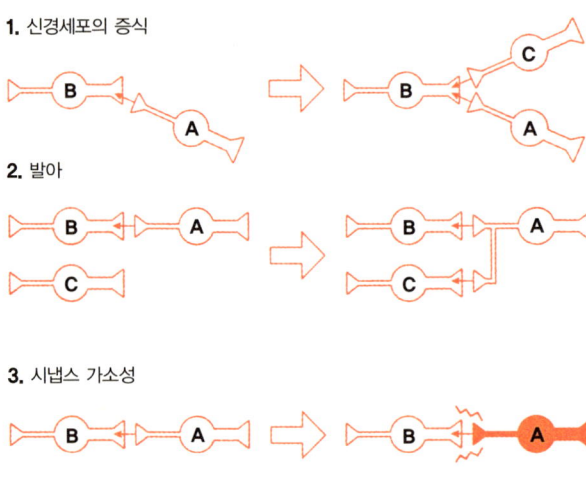

1. 신경세포의 증식

2. 발아

3. 시냅스 가소성

| **새로운 신경회로 만들기의 3가지 가설** |

출처: 『뇌, 기억력을 키우다』, p.146

　직업인으로서 우리가 성취하려는 목표를 세우고 그것을 이루기 위해 지속적으로 노력하는 것은 두뇌에 지속적으로 자극을 주는 것이다. 지속적인 자극이 주어지면 뇌신경세포 가운데 수상돌기 부분이 운동을 하는 근육처럼 두꺼워지기도 하고 수상돌기의 가지 숫자가 증가하기도 한다. 단 이때도 예외 없이 신경세포 수가 늘어나는 경우는 해마를 제외하면 불가능하다. 수상돌기 수의 증가와 수상돌기의 두께가 두터워지는 것은 뇌의 무게가 무거워진다는 뜻이다. 위의 세 가설 중 두 번째와 세 번째가 두뇌의 새로운 회로망 형성에 결정적인 기여를 하고 있음을 말해 준다.

　인지과학자들이 흔히 '헵 법칙(Hebb rule)'이라 부르는 것이 학습이 가져오는 신경회로망의 변화를 추가적으로 설명할 수 있다. 1949년 캐나다 맥길 대학교의 심리학과 교수였던 도널드 올딩 헵(Donald Olding Hebb: 1904-1985)은 『행동 조직: 신경심리학 이론』이라는 저서에서 "인간의 행동을 이해하는 문제는 신경 시스템의 움직임을 이해하는 문제와 같다"고 주장함으로써 헵 법칙을 이렇게 정의했다.

> 신경세포 A에서 정보의 출력을 담당하는 하나의 축삭이 다른 신경세포 B를 충분히 활성화하거나 반복적이고 계속적으로 B를 활성화하는 일이 일어날 때, 신경세포 A의 효율성이 증가하면 할수록 두개의 신경돌기 가운데 하나 혹은 둘 모두에서 일정한 성장 과정이나 신진대사 변화가 일어난다.

'헵 법칙'을 쉽게 설명하면 이렇다. 신경세포 A가 충분한 자극이나 지속적이고 반복적인 자극을 신경세포 B에 제공해 신경세포 B의 활성화에 기여하게 된다면, 신경세포 A와 B 사이에는 시냅스가 증가하게 된다는 것이다. 이때 특정한 기능을 담당하는 영역을 중심으로 시냅스를 증가시키는 방법을 알아낸다면 학습과 관련된 귀중한 정보를 얻을 것이다. 헵 법칙에서 유출해 낼 수 있는 조언은 세 가지로 요약할 수 있다.

물은 일정한 온도, 즉 임계치를 넘어설 때부터 끓기 시작한다. 마찬가지로 충분한 자극이 신경세포에 주어졌을 때에만 시냅스의 가소성이 일어난다. 이러한 성질을 두고 '협력성'이란 용어를 사용한다.

주의를 기울여서 노력하지 않고 그냥 무심코 시간을 보내면 시냅스의 가소성을 만들어 내기 힘들다는 의미다.

또한 특정한 자극이 신경세포 전반에 걸쳐서 영향을 발휘하기 시작하면 신경세포는 쉽게 피로해질 것이다. 충분한 자극이 주어지더라도 관계 있는 시냅스 부분만 영향을 받을 뿐 다른 시냅스에는 영향을 미치지 않는다. 이를 입력특이성(入力特異星)이라고 한다.

마지막으로 A에는 미약한 자극이 제공되고 B에는 강한 자극이 제공되면, '협력성'이란 면에서 볼 때 A에는 시냅스의 가소성이 일어날 수 없다. 그러나 A가 B와 일정한 관계를 맺을 수 있다면 B는 A에서 시냅스 가소성이 일어나는 일을 도울 수 있다. 이를 '연합성'이라고 한다. 일례로 A에 주어진 경험이 사소한 것이지만, 그 경험이 이미 기억 속에 깊이 뿌리 내린 것과 관련이 깊다면 A에 주어진 자극은 시냅스의 가소성에 기여할 수 있을 것이다.

10년 법칙을 성취하려면
두뇌에 지속적으로 자극을 주라

1-2년의 노력만으로
전문가가 될 수 없는가?

08

　'10년 법칙'은 자기 분야에서 전문가로 입신하기 위해 10여 년 정도의 집중적인 투자가 필요하다는 사실을 강조하고 있다. 1-2년처럼 짧은 기간의 노력만으로 전문가가 될 수는 없는 것일까? 마음 같아서는 금방 전문가가 되어서 돈도 벌고 명성도 얻고 싶지만 그러기는 거의 불가능하다. 왜냐하면 그것은 두뇌 속에 서서히 이루어지는 일련의 인지 과정 때문이기 때문이다.

　의사가 실력과 명성을 가지려면 어떻게 해야 하는가? 먼저 다양한 환자들을 만날 때마다 그들의 병명을 정확하게 진단할 수 있어야 할 것이다. 어떻게 해야 가능한가?

　오랫동안 공부한 이론적 지식과 임상하는 동안 만났던 다양한 유형의 환자들이 머리 속에 저장되어 있어야 할 것이다. 명의 여부는 특정 환자를 진료할 때, 기존에 배운 이론과 다양한 유형들을 얼마나 신속 정확하게 현재의 환자를 진단하는 데 이용할 수 있느냐에 크게 좌우된다. 결국 탁월한 의사로서의 성공 여부는 자신의 두뇌 속에서 장기간에 걸쳐서 이루어지는 지식과 정보의 축적이라는 학습과 기억을 얼마나 효과적으로 수행할 수 있는가, 그리고 이를 필요할 때 얼마나 제대로 잘 사용할 수 있는가에 의해 결정된다.

정도의 차이가 있지만, 대부분의 직장인들도 이와 비슷한 상황에 있다. 펀드매니저나 애널리스트, 마케팅 전문가들의 업무를 잠시 살펴보자. 그들의 업무에서 성공하는 것 역시 훌륭한 의사 되기와 별다르지 않다. 평소 꾸준한 학습을 통해서 자기 업무와 직간접으로 연결된 지식이나 정보를 얼마나 두뇌 속에 축적하느냐가 가장 중요하다. 그 다음에는 직접 현장을 뛰면서 경험한 사례들을 무심코 넘기지 않고 충분한 교훈으로 받아들인 다음 두뇌 속에 차곡차곡 정리해 가는 일이 필요할 것이다.

그러나 충분히 축적하는 것만으로 모든 문제가 해결되는 것은 아니다. 필요할 때 축적된 것을 두뇌에서 끄집어내어 사용할 수 있어야 한다. 정보, 지식, 경험 등을 두뇌에 제대로 입력해야 하지만, 필요할 때 제대로 출력해서 새로운 것을 창조하거나 개선할 수 있어야 한다. 출력물도 기계적으로 과거의 것을 사용하는 데 그쳐서는 안 되고, 상황과 필요에 맞게끔 제대로 이용할 수 있어야 한다.

이 부분에서 컴퓨터와 두뇌는 커다란 차이점을 갖고 있다. 컴퓨터는 축적된 정보를 기계적으로 불러서 사용하거나 연산하는 기능, 즉 검색이나 계산 등에 치우치고 있지만 두뇌는 축적된 정보를 조합해서 새로운 지식을 창조해 내는 기능이 중요 역할을 담당한다. 그렇기 때문에 우리는 이미 입력되어 있는 정보와 현재의 요구 등을 더하거나 빼거나 섞은 후 새로운 것을 만들어 내는 일련의 과정을 창조성의 핵심 부분으로 파악하고 있다. 창조, 상상, 사색과 같은 고도의 정신 활동은 두뇌 특정 영역의 신경회로망의 사용과 깊은 연관성이 있다.

『부자가 되는 뇌의 비밀』을 집필한 신경정신과 의사 유상우 박사는 "부자가 되려면 패턴화를 잘해야 한다. 부자들이 전문적인 내용을 공부하지 않고도 성공적인 투자를 하는 것은 뛰어난 패턴화 능력 때문이다. 부자들은 몇 가지 포인트만 보고도 돈이 될지 안될지 예측하고, 그 정확성 또한 매우 높다"고 지적한다. 부동산 투자를 통해서 큰 부자가 된 사람을 만난 적이 있다. 그는 부동산과 직·간접적으로 연결된 분야에서는 둘째 가라면 서러워할 만큼 엄청난 지식을 두뇌에 축적하고 있는 사람이었다. 상황 해석 능력 또한 유상우 박사의 지적처럼 패턴화와 유사한 방식으로 해석하고 문제 해결책을 제시하는 점이 매우 인상적이었다.

나 또한 지금처럼 책을 집필하기 전에는 평소에 꾸준히 책을 읽기도 하고, 신문이나 잡지를 보기도 하고, 사람들을 만나서 이야기를 듣기도 한다. 그런데 놀랍게도, 문제 해결책을 찾거나 새 책을 쓸 때면 지금까지 두뇌에 축적되어 있는 정보들이 총동원되고 있다는 생각을 할 때가 많다. 문제 해결책을 제시하기 위해 기존에 축적된 지식과 정보의 데이터베이스에서 관련 정보를 찾아 나서기도 하고, 그

것들을 유사한 정보끼리 패턴으로 묶기도 하고, 정보들을 조합해서 새로운 해결책을 모색하기도 하는 격렬한 활동들이 두뇌 속에서 일어나는 것이다.

이처럼 두뇌 속에는 거대한 지식과 정보를 저장하는 구조물이 건축되어 가고 있다. 이 건축을 성공시킬 수 있는 사람은 직업인으로서 영광을, 그렇지 못하는 사람은 쓸쓸함을 얻을 수밖에 없을 것이다. 두뇌에 지식과 정보를 저장하는 구조물이 구축되어 있지 않다면 전문가로서의 능력을 발휘하기란 불가능하다.

두뇌는 단기기억(STM: Short-term Memory)과 장기기억(LTM: Long-term Memory)과 깊은 관련이 있다. 특별한 노력이 없으면 기억은 시간의 흐름과 함께 망각의 강으로 사라진다. 인간은 암기한 후 이틀이 지나면 66퍼센트, 한 달이 지나면 79퍼센트를 망각하고 나머지 21퍼센트만 오래 기억할 수 있다는 연구 결과가 있다.

그러나 이 결과는 인간의 능력을 다소 과대평가한 감이 적지 않다. 대체로 사람들은 빨리 잊어버린다. 나 또한 듣고 본 것이라도 메모를 못하거나 의식적으로 기억하려고 노력하지 않으면 단 며칠도 못 가서 잊어버리고 만다.

이러한 기억의 제조 공장이 바로 해마(Hippocampus)다. 측두엽이라는 대뇌피질 바로 뒤쪽에 위치한 해마는 지름 1센티미터, 길이는 5~10센티미터인 가늘고 구부러진 모습을 하고 있다. 두뇌 전체의 신경세포 총수가 천억 개 정도라고 하면 그 중 해마의 신경세포는 대략 천만 개 정도 된다. 해마의 신경세포는 각각 2~3만 개의 다른 신경세포와 연결되어 있다. 두뇌 과학자들의 연구에 따르면, 단기기억은 주로 이마 뒤쪽에 있는 전두엽에서 이루어지고 장기기억은 주로 해마에 저장된다고 한다.

일례로 친구에게 전화를 건다고 하자. 전화를 거는 동안 우리 두뇌 속에는 전화번호가 기억으로 머물고 있다. 이런 기억이 단기기억이다. 작업기억(Working-memory)도 단기기억과 비슷하다. 단기기억이 단순한 사용을 말한다면, 작업기억은 정보를 잠시 두뇌 속에 갖고 있으면서 그 정보를 조작하는 상황까지 의미한다. 그러나 단기기억으로 충분하지 않은 정보가 있다. 취득한 정보가 훗날 또 필요하다고 판단하면 우리는 그것을 반복적으로 사용하거나 되새기는 작업을 통해 암기하려고 한다. 이처럼 단기기억은 반복적인 사용과 필요성에 따라 장기기억으로 넘어갈 수 있다. 전문가로서뿐 아니라 직업인으로서 성공은 장기기억 능력에 좌우된다고 할 수 있다. 해마는 이런 장기기억을 주로 다룬다.

런던 대학의 엘레너 맥과이어(Eleanor McGuire)의 연구는 2000년 미국국립과학 아카데미에 발표되어 큰 반향을 불러일으켰다. 그녀와 연구 팀은 무려 2만 4천 개의 거리로 구성된 런던 시내를 운행하는 택시 운전사 16명의 뇌를 MRI를 이용해서 스캔한 것이다. 노련한 운전사들은 택시 운전 면허증을 받기 위해 런던 시내의 복잡한 길거리를 익히는 데 2년 동안 훈련을 받았을 뿐 아니라, 이 능력을 유지하기 위해 평소에도 거리 지형을 숙지하고자 노력했다.

2만 4천 개의 거리를 머리에 입력하고 승객들의 요구 사항에 척척

부응할 수 있는 그들은 일종의 지식 근로자에 해당한다고 할 수 있다. 택시 기사들의 뇌 세포가 일반 사람보다 크다는 연구 결과는 두뇌 연구자들에게 큰 충격을 주었다. 택시 기사들의 신경세포 수가 일반인보다 많다는 것이다. 택시기사들은 일반인에 비해 평균 2-3퍼센트 정도 두뇌가 크며, 운전 경력이 많을수록 더욱 크다는 사실이 밝혀졌다.

일례로 30년 경력자의 경우 두뇌가 3퍼센트 크다는 사실은, 신경세포 수로 환산하면 무려 20퍼센트가 많다는 것이다. 뇌를 많이 사용할수록 기억을 지배하는 신경세포 수를 늘릴 수 있다는 놀라운 사실을 밝혀낸 연구 결과라고 할 수 있다. 특히 해마 뒷부분(posterior hippocampus)은 새나 동물의 운행과 관련된 기능을 수행하는 곳인데, 해마 뒷부분이 커지면 앞부분이 작아지는 것은, 뇌의 구조가 외부 자극에 따라 변할 수 있음을 보여 주는 사례라고 할 수 있다. 이 연구의 의미에 대해 맥과이어 박사는 BBC 방송과의 인터뷰에서 이렇게 말한다.

런던 택시 운전사의 숙련도와 두뇌 변화 사이에는 확실한 관계가 있다고 본다. 두뇌를 사용하기에 따라 물리적으로 변화시킬 수 있다는 증거는 파킨슨 병과 같이 두뇌 손상이나 질환을 앓고 있는 사람들에게 중요한 의미가 될 수 있다. 성인의 경우 오랫동안 두뇌에 손상이 일어나면 아주 한정된 범위에서 두뇌에 가소성(plasticity)이 있는 것으로 알려져 왔다. 운전과 같이 환경의 직접적인 변화는 두뇌의 변화를 가져오기 때문에, 우리는 미래에 그런 종류의 지식을 이용해서 두뇌 재활 프로그램의 가능성을 열어 갈 것이다.

Abbie Thomas, 'London cabbies more than the full quid',
14 March 2000, www.abc.net.au

한편 거의 100년 동안 두뇌 연구자들이 정설로 받아들이고 있는 내용은 이러했다. "태어나서 3세까지 만들어진 신경세포는, 더는 새로 만들어지지 않기 때문에 두뇌에서 매우 안정적인 구조와 기능을 갖게 된다." 두뇌의 특정 영역, 즉 해마에서의 신경세포 증가는 아주 예외적인 일로 간주되었으며, 일반적으로는 두뇌에서의 신경세포 증가는 불가능하다는 주장이다.

그러나 이를 뒤집는 연구 결과가 있었다. 프린스턴 대학교의 엘리자베스 굴드(Elizabeth Gould)와 찰스 그로스(Charles Gross)교수가 1999년 10월 15일자 과학잡지 『사이언스』에 「성인 원숭이 피질에서의 신경세포 형성」이라는 색다른 논문을 발표한 것이다. 원숭이를 대상으로 한 연구 결과지만, 그로스 교수는 "원숭이는 근본적으로 인간과 비슷하기 때문에 인간에게도 비슷한 일이 진행되리라는 것은 의심할 여지가 없다"고 말했다.

그들은 매일 두뇌에 새로운 신경세포가 지속적으로 더해지고 있다는 놀라운 사실을 발표했다. 두뇌의 중간 깊숙한 장소에 만들어진 새로운 신경세포는 그곳에만 머무는 것이 아니라 생각, 의사결정, 학습 등 고도의 지적 활동을 수행하는 두뇌 피질의 여러 영역으로 옮겨

가게 된다. 다시 말하면 새롭게 생성된 신경세포가 여행을 통해서 두뇌의 피질 여러 영역에 분산되고 있다는 점이다.

이렇게 분산되는 새로운 신경세포는 전두엽과 측두엽에서 이미 존재하고 있는 신경세포들과 시냅스를 형성하게 된다. 두 연구자들은 이런 새로운 신경세포의 쉼 없는 여행을 '새 비디오 카세트를 비디오 카메라에게 공급하는 것'에 비유할 수 있다고 말한다. 두뇌피질에 특정 영역들이 매일 새로운 버전으로 거듭나고 있다는 것이다. 두뇌피질에서 새로운 신경세포가 만들어지는 곳은 의사결정과 단기 기억을 통제하는 전전두엽, 사물에 대한 시각적 인지에서 중요한 역할을 담당하는 전관자엽(두뇌 좌측 아래에 있음), 공간에서 사물들의 표현에 중요한 역할을 담당하는 후마루엽(두뇌 중심과 뒤통수 사이에 있음) 이다.

두 연구자는 앞으로 계속 "어떤 조건에서 새로운 신경세포가 만들어지는지, 새로운 신경세포가 여행하는 두뇌의 다른 영역은 어디인지, 다른 경험과 학습이 새로운 신경세포에 어떻게 영향을 미치는지, 새로운 신경세포가 파괴되었을 때 어떤 일들이 일어나게 되는지" 연구할 예정이라고 한다.

또 그로스 박사는 "사람들은 '피질이 기억에서 중요하다면, 그것은 어떻게 변할까?'라고 생각한다. 사실 그 반대 견해도 충분히 가능하다. 만약 기억이 경험에서 형성된다면, 그 경험은 두뇌의 변화를 가져와야만 한다"고 주장한다.

두뇌의 신경세포도 성장할 수 있다는 주장은 앞으로도 다른 연구를 통해서 계속 보강될 것이다. 우리가 이제까지 직관적으로 이해해 온 것처럼 인간은 순간 순간 자기 두뇌를 구조적, 기능적으로 재창조하고 있다는 것이 의학적 사실로 속속 밝혀지고 있다.

기억이 해마에 축적되는 것은 아니다. 해마는 정보의 필요성 유무를 판단해 다른 부위에다 기억을 저장해 둔다. 그래서 해마를 기억의 제조 공장이라고 부르는 것이다. 그러면 구체적으로 해마의 어떤 부분에서 그런 일들이 이루어지는가? '시냅스의 가소성'이 그 해답이다.

1973년 생리학 잡지에 보고된 스웨덴의 신경생리학자 브리스와 레모는 토끼의 해마에서 시냅스 가소성을 발견했다고 주장했다. "해마 치상회의 시냅스를 높은 주파수로 자극하면 시냅스 전달효율이 상승되며, 이 현상은 자극이 있은 다음에도 장시간 지속되었다. 시냅스 결합의 증강이 장기적으로 지속된다는 이런 현상을 '장기증강(LTP: long-term potentiation)'이라고 부른다. 즉 지속적이고 반복적으로 특정 자극이 계속되면 해마에서 시냅스 가소성이 일어나게 되어 형태와 정보가 장기기억으로 바뀌는 것이다. 시냅스가 그 자극을 기억하는 것이다." 이와 관련된 연구를 해 온 이케가야 유우지 교수는 이렇게 말한다.

LTP란 시냅스가 기억하는 현상이다. 강한 자극을 받으면 지금까지 거의 활동하지 않았던 시냅스가 갑자기 활발해지며, 그 시냅스는 이후에도 계속 똑같은 상태를 유지한다. 시냅스를 '학생'에 비유하자면 수업 중에 졸기만 하던 학생이 선생님에게 혼나고 난 후에 갑자기 열심히 수업을 듣게 되는 것과 비슷하다. 수업을 얼마나 열심히 듣고 있었는가 하는 것이 '시냅스의 전달효율'이며 선생님의 꾸짖음은 '강한 자극'이 된다. 결과적으로 이 학생의 시험 성적은 향상된다.

이케가야 유우지, 『뇌, 기억력을 키우다』, p.167

그러나 해마가 기억에 중추적인 역할을 맡고 있는데도, 여전히 기억을 담당하는 다른 두뇌 영역에 대한 연구는 계속되고 있다. 지금까지의 연구 결과를 조합하면, 장기기억은 해마를 중심으로 두뇌의 다른 영역에까지 확장되어 있을 것으로 본다. 샤론 것맨(Sharon A. Gutman)은 기억에 대해 다음과 같이 말한다.

첫째, 개인의 경험은 다발대뇌 구조물을 포함한 뇌 조직망에 의해 기호화된다. 혼자 기억 기능을 다루는 단일 해부학적 구조물은 없다.

둘째, 기억의 연결은 전에 만나서 형성된 뇌조직망에 의해 기호화된다.

셋째, 먼저 존재한 구조는 강력하게 새로운 기억을 어떻게 개인이 기호화하며 저장하는지에 영향을 미친다.

넷째, 강한 정서적 중요성을 갖는 기억은 더 쉽게 기억된다. 아

마도 해마와 편도(둘다 변연계 정서중추)는 강한 정서적 구
성성문을 갖는 장기기억 저장에 있어 중요한 역할을 한다.

다섯째, 그러나 이 장기기억은 개인의 사건 심리적 판단에 기초
를 둔 왜곡이 있을 수 있다.

여섯째, 인간 기억은 그래서 암시적 영향에 의해 타락에 직면한
다. 기억은 실제적인 스냅샷(snapshots)이나 비디오보
다 오히려 왜곡될 수 있다.

Sharon A. Gutman, *Neuroscience*, pp.214~215

10년 법칙은 두뇌 속에 서서히 이루어지는
인지 과정에 커다란 영향을 받는다

두뇌를 어떻게 활용해야 명품 인재인가?

09

　일터에서 처리하는 업무를 잠시 생각해 보라. 두뇌 활용이 필요한 일이라면 당신이 생각하는 것보다 거대 정보에 대한 접근이 가능해야 한다. 이따금 나는 강연장에서 이런 농담을 한다. "맨땅에 헤딩하면 머리밖에 깨지지 않습니다." 평소 거대한 정보 저장소를 두뇌에 만드는 노력을 게을리하면 새로운 아이디어나 기회는 갖기 어렵다.

　특정 업무를 처리할 때 가동되는 정보 저장소를 전문가들은 '작업기억'이라고 부른다. 업무 수행 때 사용하는 지식, 정보, 경험, 믿음 등이 보관된 작업기억은 인지 활동의 어떤 영역에서 진행되는 정보를 임시 저장한 상태를 말한다. 반복이나 특별 노력을 하지 않더라도 잠시 동안 쉽게 접근 가능한 임시 저장소에 보관된 정보와 관련된 기억이다. 그러나 인지심리학자들이 내리는 작업기억의 정의는 약간

다르다. 그들은 임시 정보저장뿐 아니라 '정보조작'에도 큰 비중을 두고 있다. 다시 말하면 작업기억은 '임시적인 정보 저장(storing)과 정보 조작(manipulating)을 위해 사용되는 두뇌 속의 구조와 프로세스의 모음'이라고 정의할 수 있다.

작업기억에 대한 논의를 전개하기 전에 단기기억, 장기기억 혹은 작업기억의 정의를 명확히 하자. 단기기억은 문자 그대로 반복, 암송, 정교화, 조직화처럼 의식적으로 기억하려는 노력을 행하지 않으면 시간의 흐름과 함께 완전히 잊어버릴 수 있는 기억이다. 반면 장기기억은 반복, 암송, 정교화, 조직화 등의 과정을 통해서 필요할 때마다 어려움 없이 꺼내어 사용할 수 있는 기억이다.

작업기억에 대한 학자들의 견해는 세 가지로 나눌 수 있다. 첫째는 작업기억과 단기기억을 동일하게 보는 경우, 둘째는 작업기억은 단기기억에서 장기기억으로 발전되어 가는 중간단계로 보는 견해다. 셋째는 특정 업무를 주의 깊게 처리하는 과정을 수행하는 단계에서 활용하는 기억을 말한다. 나는 세 번째 견해에 동의한다. 작업기억은 필요에 따라 얼마든지 단기기억을 사용할 수도 있고 장기기억을 사용할 수도 있는 것이다.

기존의 작업기억에 대한 연구 결과를 모은 책『작업기억 모델들 (Model of Working Memory)』에만 하더라도 작업기억에 대한 모두 13가지의 가설들을 모델화한 주장들이 소개되어 있다. 이들을 참고하면서 작업기억을 정리해 보면 하나는 단기적인 정보 보관의 영역, 다른 하나는 장기기억에서 관련 정보를 이용하기 위해 조작하는 것, 또 다른 하나는 의사결정과 같은 특정 인지 활동을 위해 그런 정보들을 사용하는 것과 관련 있으며 특히 독서, 문제 해결, 새로운 언어 습득이나 IQ 검사 등과 같은 지적활동들이다. 흥미롭게도 기억을 다루는 영역들이 상대적으로 전두엽에 많이 배치되어 있는데 반해, 작업기억이 주로 다루는 주의(attention)와 관련된 영역은 많은 부분들이 전전두엽에 배치되어 있다.

이처럼 대다수의 지적활동은 단기작업기억뿐 아니라 또 하나의 중요한 부분, 즉 장기작업기억의 활용이 가능해야 이루어질 수 있다. 이 견해를 제시한 사람은 '10년 법칙'을 오랫동안 연구한 앤더 에릭슨과 월터 킨쉬(Walter Kintsch)다. 그들이 공저로 1995년 미국심리학회에서 발표한 긴 논문, 「장기작업기억(*Long-Term Working Memory*)」은 작업기억과 관련된 이론은 단기작업기억뿐 아니라 장기작업기억을 동시에 포함해야 한다고 주장한다. 참고로 에릭슨의 주장은 작업기억과 관련된 많은 모델 중 하나다. 특히 고도의 지적 활동일 때 장기작업기억이 매우 중요하다는 사실뿐 아니라 전문가의 장기작업기억 활용 사례를 제시하고 있다.

한 전문가가 특정 영역에서 충분한 훈련과 연습으로 갈고 닦으면, 단기작업기억와 마찬가지로 특정 영역에서의 장기작업기억을 아주 원활하게 사용할 수 있다. 단기작업기억 메커니즘은 고도의 숙련도를 요구하는 지적 활동에 대한 작업기억에 충분한 공간을 제공하지 못한다. 정보의 일반적인 저장 능력은 익숙하지 못한 활동보다 특별하게 숙련된 활동에서 더욱 커진다. 전문 기능을 습득하려고 노력하면 작업기억의 저장소는 더욱 커질 수 있다. 전문가의 기억이나 예외적인 기억의 우수성은 특정 영역에 한정된다. 증가된 기억 기능 역시 특정 숙련 활동에 한정된다. 장기작업기억의 습득된 본성은 작업 사이에 차이가 존재한다. 게다가 주어진 업무에 대한 장기작업기억 활동에서 개인적인 차이가 광범위하게 존재한다.

거듭 이야기하면 장기작업기억은 일반적인 능력이 아니다. 한 번 습득하면 어떤 인지 활동에도 단기작업기억을 보완할 수 있는 장기작업기억은 저장이나 재생에서 어떤 주어진 활동에 부과된 특정 수요를 만족시키는 특정 영역에서 얻어진다. 그러므로 장기작업기억은 '특별한 숙련도와 관련된 활동들'이라는 맥락에서 논의되어야 한다.

K. Anders Ericsson and Walter Kintsch, 'Long-Term Working Memory', *Psychological Review*, Vol. 102, 1995, p. 211, 220

단기작업기억도 중요하지만 전문가의 활동에는 장기작업기억이 매우 중요하다. 전문가가 훈련이나 연습의 결과로 습득하는 장기작업기억은 모든 분야에서 활용 가능한 범용성을 갖지 않고 제한된 특정 분야에서 활용이 가능하다는 뜻이다. 한정된 좁은 의미에서 활용 가능하다는 말이다. 진정한 전문가는 특정 분야에서 실력을 발휘하는 사람이다. 그들이 그런 능력을 갖게 된 데는 장기작업기억이 결정

적으로 중요한 역할을 한다. 그들은 단기작업기억을 손쉽게 사용할
수 있는 것처럼, 자기 영역과 관련된 장기작업기억 역시 신속하고 쉽
게 사용할 수 있다.

책을 집필하거나 짧은 글을 쓰고 있을 때도 두뇌 속에 거대한 장
기작업기억이 존재하고 있다는 믿음을 거듭 확신하게 된다. 글을 쓰
는 동안 오래 축적해 온 방대한 정보 저장소가 활발하게 활동함으로
써 지금 당장 필요로 하는 정보를 쏟아 내는 것이다. 저자들의 주장
을 간추려서 정리하면 다음 다섯 가지로 정리할 수 있다.

첫째, 숙련도를 요구하는 대부분의 활동에서, 평소 의도적으로 획
득한 정보나 지식, 경험과 기술은 장기기억에 보관되고 이들은 단기
기억에서 재생 가능한 단서에 의해 항상 직접적으로 접근 가능하다.
작업을 수행할 때 단기기억에 어떤 단서를 제공받으면, 이를 기초로
장기기억에서 관련 정보나 지식, 경험들을 꺼내어 사용할 수 있다.

둘째, 숙련도를 요구하는 활동에 있어서 작업기억 이론은 장기기
억에 저장된 정보의 원활한 활용에 기반을 둔 또 다른 과정을 포함해
야만 한다. 장기작업기억에서의 정보는 안정된 형태로 저장되며 그
것에 대한 믿을 만한 접근은 단기작업기억에서 재생 가능한 단서의
제공에 의해 일시적으로 유지될 수 있다. 그러므로 장기작업기억은
저장의 영속성이란 면에서, 그리고 저장되는 정보에 대한 접근을 위
해 충분한 주의를 기울임과 아울러 재생 가능한 단서를 필요로 한다
는 점에서 단기작업기억과 구분되어야 한다.

단기작업기억은 별다른 주의를 기울이지 않아도 충분히 활용 가

능하다. 그러나 장기작업기억은 특별한 주의를 기울여야 하고 관련 정보나 지식을 활용하기 위해선 단기기억에 의해 별도로 제공되는 정보, 즉 재생 가능한 단서가 주어질 때만이 비로소 활용 가능하다는 점에서 단기작업기억과 장기작업기억은 뚜렷한 차이를 보인다.

셋째, 사람은 재생 가능한 구조로 정보를 보관하기 때문에 탁월한 직업인들은 획득한 지식과 특별한 암기 능력이 요구되는 영역에서 작업기억 영역을 대폭 확대하여 사용할 수 있다. 개개인이 정보를 저장하는 습관에 따라 작업기억 영역의 확대 가능성이 달라진다.

넷째, 성공한 직업인들은 장기기억 활용 능력이 탁월하다. 하지만 기존 '기억이론(memory theory)'에 의하면 정보는 단기기억에 저장된 다음에야 장기기억에 저장되는 것이 가능했다. 다시 말해 정보가 장기기억에 저장될 가능성은 단기기억에 저장된 시간에 비례하며, 장기기억에 저장될 확률은 단기기억에 입력되는 숫자에 비례한다. 설령 장기기억으로부터 재생할 수 있을지라도 단기기억에 비해서 느리기 때문에 재생 속도나 효율성 면에서 장기기억은 단기기억에 비교할 수 없다.

다섯째, 장기작업기억은 특정 영역의 기억 능력과 관련 있기 때문에 특정 활동에 대한 작업기억의 범위와 규모를 대폭 확장하도록 돕는다. 전문가들은 장기기억에서 신속하고 믿을 만한 저장을 발견하며 특정 업무를 수행하는 데 사용한다.

한편 전통적인 '기억이론'과 대비해서 두 저자의 이론을 '숙련기억이론(Skilled Memory Theory)'이라 부른다. 이미 에릭슨은 숙련기억이론의 기초적인 토대를 제시하고 있다. 사람이 계산과 관련된 주제에 있어서 1,000퍼센트 이상까지 기억저장능력을 확장할 수 있는가의 메커니즘을 말하면서 숙련기억이론의 세 가지 기반을 설명했다. 이것은 많은 전문가들이 자기 분야에서 정상에 서기 위해 노력하는 과정에 자신의 두뇌가 과업 수행과 어떤 연관을 맺고 있는지, 그 작동 방식을 시사하고 있다.

첫째, 관심 주제들은 신속하게 장기기억에 저장될 수 있어야 한다. 이것이 가능하려면 이미 두뇌 속에 특정 영역과 관련해서 거대한 관련 지식과 패턴에 대한 수요가 있어야 한다. 그런 능력들은 우리가 실험한 단순 암기 전문가뿐만 아니라 다른 분야의 전문가들에게서도 광범위하게 관찰할 수 있는 현상이다.

둘째, 그런 활동들은 전문가들에게 매우 친숙해야 한다. 왜냐하면 전문가들은 관련정보의 재생에 대한 미래의 수요를 정확하게 예측할 수 있기 때문이다(전문가들이라면 언제 어디서 자신의 필요로 하는 정보를 구하는 활동이 거의 몸에 배어 있다. 이들은 특정 정보를 만나게 되면 이 정보가 훗날 필요할 것이라는 사실을 순간적으로 깨우치고 이것을 의도적으로 관심 있게 보거나 읽으면서 두뇌 속에 입력하려 한다-편집자주). 이 두 가지 조건이 만족되면 정보를 선택적으로 장기기억에 저장하는 일이 가능하게 된다.

셋째, 관심 주제들은 적절한 재생 가능한 단서들과 이미 저장되어 있는 정보들을 연결시킬 수 있어야만 한다. 이 같은 연결성은 사람들에게 관심주제들이 특정의 재생 가능한 단서들을 활성화시키도록 도울 뿐만 아니라 장기기억으로부터 바람직한 정보들을 검색하도록 기호화하는 조건들을 부분적으로 복구하도록 돕는다. 일련의 재생 가능한 단서들이 안정된 구조로 조직화될 때, 우리는 이 같은 구조를 '재생 가능 구조(a retrieval structure)'라고 부른다. 이렇게 얻어진 메모리 능력은 특정 주제가 기호화된 정보에 손쉽게 접근할 수 있도록 기호화의 성장과 발전을 가져온다.

그런데 이처럼 재생 가능한 구조에 기반을 둔 메커니즘은 전문가의 탁월성을 설명할 수 있는 데까지 확장되고 있다. 게다가 이 메커니즘은 장기작업기억에 대한 우리 제안의 중요한 요소로 이바지하고 있다.

우리 주장을 다음과 같이 요약할 수 있다.

장기기억에 저장되어 있는 정보의 선택적 검색은 적절한 검색 단서만 주어지면 단기기억으로부터의 검색에 필적할 만한 속도로 습득된다. 그러므로 훈련이나 연습을 통해 장기기억에 바탕을 둔 작업기억이나 검색은 단기기억과 거의 비슷한 속도로 이루어질 수 있다.

뛰어난 작업기억능력은 특정 영역과 관련된 스킬을 반영한다. 그리고 이것은 작업기억에 대한 특별 수요를 만족시키기 위해 습득된 것이다. 하지만 이런 능력을 가진 사람들조차 다른 분야에서는 우수한 기억 능력을 갖고 있지 못하는 경우가 대부분이다.

K. Anders Ericsson and Walter Kintsch, 'Long-Term Working Memory', *Psychological Review*, Vol. 102, 1995, pp. 215~216

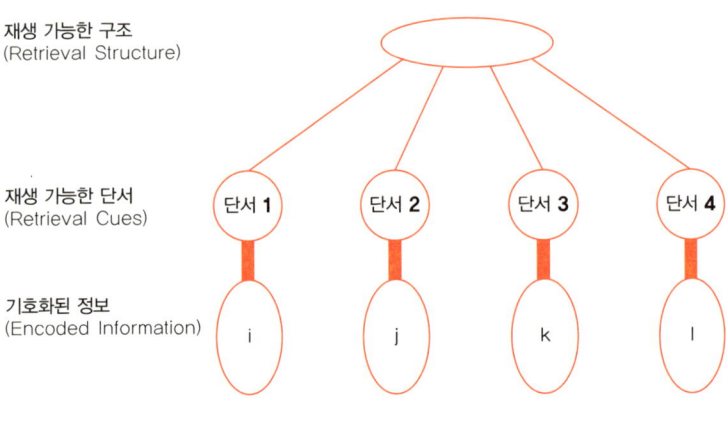

재생 가능한 구조
(Retrieval Structure)

재생 가능한 단서
(Retrieval Cues)

단서 1   단서 2   단서 3   단서 4

기호화된 정보
(Encoded Information)   i   j   k   l

| 숙련기억이론 |

　　장기작업기억에 저장된 정보들은 특정의 재생 가능한 단서들과
의 연결성을 포함하고 있다. 이 단서들은 재생 가능한 구조들을
통해 활성화될 수 있으며 동시에 일정한 시차를 두고 장기작업
기억에 보관되어 있는 바람직한 정보들에 접근할 때도 사용할
수 있다.

출처:K. Anders Ericsson and Walter Kintsch, 'Long–Term Working Memory', *Psychological Review*, Vol. 102, 1995, p.216

10년 법칙을 효과적으로 준비하고 실행하려면
'장기작업기억'을 활용하는 능력을 길러야 한다

프로와 아마추어는
어떻게 다른가?

10

전통적인 기억이론을 보면, 작업기억은 단기기억이 장기기억으로 전환하는 과정의 중간 단계 혹은 임시적인 저장 정도로 나타나 있다. 고도의 지적활동이 필요 없을 때는 단기기억 내에 있는 제한된 요소들을 사용하기도 한다. 그럴 때는 이 주장이 어느 정도 설득력이 있을 것이다. 그러나 고도의 지적활동이 필요할 때는 숙련기억이론이 현실을 더욱 잘 설명하고 있다.

의사를 예로 들어보자. 의사는 환자에게 직접 증상에 대한 설명을 들으며, 동시에 각종 첨단기기들이 제시하는 검사 결과를 고려한다. 이때 전문가와 초보의 행동은 어떻게 다를까?

환자의 말이나 진료 차트는 질병 치료의 실마리를 제공할 것이다. 이는 단기기억에 있는 '재생 가능 단서'라고 할 수 있다. 이런 단서들에 응답하려면 결국 장기기억에서 유용한 정보를 불러들일 수 있어야 한다. 장기기억과 재생 가능한 단서를 연결해 장기작업기억을 작동할 수 있느냐 없느냐에 따라 명의냐 초보냐가 결정된다. 명의들은 학문과 임상 경험, 자기 의견이나 믿음 등을 평소에 장기기억에 축적했을 것이다. 그러나 단순히 이론이나 경험을 모으는 것만으로는 부족할 것이다. 그런 것을 유형화, 패턴화할 수 있느냐 여부가 재생 가능한 단서를 이용해서 신속하게 활용할 수 있는지 결정할 것이다. 숙련기억이론은 이를 '재생 가능 구조'라는 용어로 표현한다. 장기기억 속에 단서들이 주어졌을 때, 그에 대응할 수 있는 장기기억들이 체계적으로 유형화되어 있는 의사는 진정한 전문가가 될 수 있을 것이다. 뛰어난 의사는 평소 자신만의 정보를 패턴화해서 입력하는 법, 즉 기호화하는 방법을 갖고 있을 것이다.

뛰어난 의사들은 환자에 대한 단순한 의학적인 지식을 높은 수준의 의학적인 지식으로 기호화하는 재생 가능한 구조를 갖고 있다. 그들이 갖고 있는 재생 정보의 질과 구조는 전문가 수준의 함수관계에 있다. 뛰어난 의사들은 초보자보다 중요한 정보를 더 잘 사용할 수 있다.

같은 정보라도 받아들이는 의사의 수준에 따라 정보를 분류, 보관하는 방법은 다르다. 초보자들은 혼란스러워하지만 뛰어난 의사들은 분류 체계에 따라 자기 정보를 체계적으로 보관한다.

K. Anders Ericsson and Walter Kintsch, 'Long-Term Working Memory', *Psychological Review*, Vol. 102, 1995, pp.236~237

또 다른 전문직으로 멸치잡이 선단을 이끄는 어로장(물선수)을 보자. 과거 남해안의 멸치잡이는 지역 경제를 뒷받침하는 든든한 산업이었고 지금도 경남 통영, 마산, 삼천포, 전남의 여수 등지에 기지를 둔 중소기업들이다. 단백질 공급원이 충분하지 않았던 시절, 멸치는 주식인 쌀과 비교될 만큼 중요한 음식이었다.

전통적인 멸치잡이는 두 척의 본선이 멸치 어군을 둘러싼 다음에 쌍끌이로 잡은 다음에 살아 숨쉬는 멸치들을 불배(이리야)에 옮겨 삶는다. 운반선이 삶은 멸치를 말리고 어선에 지원 기능을 담당하는 어막에 옮겨서 말린 후 상품화하는 과정을 밟는다. 6-7척 내외의 어선으로 구성되는 이 선단이 멸치잡이에 성공하려면 어로장의 능력이 매우 중요하다. 그래서 선단을 소유한 사람들마다 좋은 어로장을 잡기 위해 거액의 비용을 아끼지 않는다.

물선수라고 불리는 어로장은 야전사령관에 해당하는 사람들이다. 우선 멸치 어군이 있는 장소를 판별하는 일이 중요하다. 첨단 전파탐지기나 음향탐지기, 레이더, GPS, 수온계가 대부분의 선단에 잘 완비되어 있지만 계절에 따라 어느 곳에 멸치가 머무는지 판별하는 일에는 고도의 지적 판단이 필요하다. 고기가 머물 만한 장소, 수온, 물의 흐름, 해수 변화 등 다양한 요인들에 관해 오랫동안 축적한 지식들이 일종의 패턴으로 정리되어 있지 않으면 그 세계에서 성공할 수 없다. 그 넓고 넓은 바다에서 멸치 떼가 어디에 있는지 판별하는 능력은 정말 놀라울 정도다. 그렇기 때문에 어탐선에 타서 선단을 진두지휘하는 어로장은 선단의 중심 중에서도 중심이다.

뭍에서 한 시간이면 말 그대로 망망대해. 손가락보다 작은 데다가 예민하기까지 한 멸치를 그 넓은 바다에서 찾아내는 일은 쉽지 않다. 그래서 선장 겸 어로장은 기선권현망의 어업의 중심이다. 어탐선에 승선, 온 바다를 헤집고 다니며 멸치 떼를 찾아 그 양이 많고 적음을 판단하는 일은 물론이려니와 가장 적합한 순간에 그물을 내려 어군을 포위할 수 있도록 하고, 다시 그물을 올리는 양망 순간을 정하는 일까지 그의 몫이다. 이런 어로장은 어탐기를 기본으로 각종 전자장비를 기본자료를 얻고, 여기에 그간의 경험과 순간적인 오감 판단으로 투망과 양망을 지시한다는 것. 그이의 투양망 지시는 곧 어획량으로 연결되는 만큼 숙달된 감각이 필수적이다.

김상수, 「월간낚시」, 2004. 4. 16.

가장 대규모인 선망을 제한 대부분의 연근해 어업을 두루 해 본 아버지 덕택에 나는 일찍부터 이 세계의 치열함을 느낄 수 있었다. 친척들 중에는 어로장의 세계에 뛰어들어 부를 축적한 사람도 있고 그렇지 못한 사람들도 있다. 도전해 볼 만한 진정한 프로의 세계임에는 틀림이 없다. 어로장 밑에서 오랜 기간의 도제 시기를 거치면 많지 않는 연봉으로 정식 어로장이 될 수 있는 기회가 주어진다. 그럴 때 어획고로 자신을 입증하는 데 성공하면 그의 연봉은 수직상승하고 여기저기서 스카웃 제외가 들어온다.

성공한 어로장들은 도제 기간부터 시작해서 조업일지를 작성하고 어군 이동에 대한 지식을 장소, 물때, 시간, 조류, 어장 주변 여건 등을 많은 수의 요소들을 연결해서 패턴화된 자신만의 지식을 갖고 있다. 첨단 기기들이 제공하는 정보는 그들에게 돕는 보조적 역할을 할 뿐, 어로장의 장기기억 속에 패턴화된 지식이 정리되어 있지 않으면 성공할 수 없다. 물론 이처럼 패턴화된 지식을 불러내는 것은 위에서 말한 '재생 가능한 단서'들일 것이다.

유능한 어로장은 다양한 요소들을 고려하면서 '지금 이 순간 어군이 어디에 있으며, 어떻게 그것을 공략해야 하는지'의 해답을 내놓는다. 의사들이 내리는 판단 과정이나 어로장이 내리는 판단 과정은 거의 다르지 않다. 두뇌를 활용하는 일을 하는 사람이라면 누구나 의사와 어로장과 비슷한 경험을 해야 할 것이다.

전문가가 되려면 자신만의 방법으로 장기기억 속에
지식을 저장해 놓으라

탁월한 인재를 위한
네 가지 조건

자기 분야에서 탁월한 성과를 이룬 전문가들을 대상으로 한 다양한 연구들의 공통점은 무엇일까? 그것은 특정 영역에서 경험의 절대량이 그리 중요하지 않다는 점이다. 어떤 분야에 뛰어든 후 얼마나 오랫동안 그 일을 했는지는 별반 중요한 문제가 아니라는 사실이다. 전문가로서 자신의 성과를 한 단계 끌어올리기 위해 얼마나 정교하게 노력했는지가 더욱 중요하다.

에릭슨 교수가 공저자들과 함께 발표한 논문 「전문가들의 능력에서 정교한 훈련의 역할(The role of deliberate practice in the acquisition of expert performance)」을 보면 전문가와 그들의 수행능력은 상대적으로 연습활동에서 광범위한 개입에 의해 얻어진다. 그리고 성과에 있어서 개인적인 차이는 관련 연습량의 차이라고 볼 수 있다. 이때 수행 능력을 향상시키기 위한 관련 연습 활동은 '정교한 훈련(deliberate practice)'이라고 불린다. 물론 에릭슨의 연구는 스포츠나 타이핑, 체스, 음악 같은 활동에 초점을 두고 있지만, 숙련도와 지적 활동을 요구하는 분야도 거의 비슷한 상황이라고 해석해도 문제가 없을 것이다.

에릭슨 교수의 연구는 바람직한 '정교한 훈련'에 대한 다음의 추가 정보를 제시했다. 그는 '정교한 훈련'은 네 가지 요소를 포함해야 한다고 말한다.

첫째, 도전 과제는 적절히 어려워야 한다.
둘째, 지속적으로 정교화를 위해 노력할 수 있어야 한다.
셋째, 실수나 실패할 수 있는 여지가 주어져야 한다.
넷째, 피드백을 할 수 있어야 한다.

먼저, 도전 과제가 적절히 어려워야 한다는 것은 다양한 의미를 갖고 있다. 전문가가 다루는 업무는 대체로 손쉽게 익힐 수 있는 일이 아닐 것이다. 누구나 쉽게 할 수 있는 일은 전문가의 영역에 속하지 않을 것이다. 게다가 사람들은 쉽게 익힐 수 있는 일에 쉽게 만족하기 때문에 그 자체를 도전이라고 여기지 않는다. 전문가가 다루는 일들은 숙련도의 경지에 이르기까지 상당한 어려움을 경험해야 한다. 이런 면에서 보면, 전문가들에게 적절히 어려운 업무란, 어느 정도의 난이도를 포함하고 있는 게임일 수도 있을 것이다.

골프나 스쿼시 등 운동 실력을 향상시키기 위해 무던히도 노력하는 사람들은 목표 수준까지 도달하기 위해 연습에 연습을 거듭한다. 그러나 실력은 하루아침에 좋아지지 않는다. 바로 그 묘미 때문에 사람들은 좋아하는 운동을 놓지 못한다. 마찬가지로 전문가에겐 일이 그런 것이다. 어느 날 우수 기업들의 최고경영자들을 모아 놓고 나는 이런 생각을 피력했다.

이 자리에 참석하신 분들은 대부분 골프를 좋아하실 것입니다. 사람들과의 친교에도 필요하고 접대도 필요하기 때문에 골프를 치는 것은 필요한 일이라 생각합니다. 그러나 골프와 사업 중에 어느 것이 더 재미있는지 자문해 보십시오. '나는 골프보다 사업이 재미있다'고 생각하시는 분은 성공할 수밖에 없을 것입니다. 그분에게 사업이란 하나의 역동적인 게임이자 도전과제이기 때문입니다. 매일 즐겁게 게임하는 사람과 매일 의무감으로 일하는 사람 사이에 차이가 없을 수 있겠습니까? 제게 있어 일은 게임과 같다고 자신 있게 말할 수 있습니다. 일은 제게 도전과제입니다. 매일 새로운 도전과제가 주어지고 이를 더욱 잘 해결하기 위해 전력을 기울이면서 생활하는 것 자체를 저는 무척 즐기고 있습니다.

할리우드의 유명한 여배우 줄리아 로버츠도 비슷한 이야기를 한 적이 있다. 토크쇼에서 한 참석자가 줄리아에게 "당신처럼 자신감을 가지려면 어떻게 해야 하나요?"라고 물었다. 그녀는 "새로운 연기를 도전으로 받아들이고 잘할 수 있다는 것을 증명해 보이려 노력하지요"라고 대답했다. 늘 자신에게 도전과제를 내주면서 실력을 향상시키고 있다는 뜻일 것이다.

둘째, 지속적으로 노력하면 더욱 정교하게 행할 수 있다. 일종의 '인과응보 법칙' 인데, 투입하는 시간과 정성에 비례해서 업무 수행도가 나아질 수 있어야 한다. 전문가들이 행하는 업무는 노력에 비례해서 점진적인 개선 효과가 나타난다. '10년 법칙' 이 제시하는 것처럼 일정한 수준에 이르기까지는 참고 견디면서 꾸준히 노력하는 일이 절대적으로 필요하다. 대부분의 스포츠에도 "뿌린 대로 거둔다"는 인과응보 법칙이 그대로 적용된다.

두뇌를 활용하는 일치고 뿌린 대로 거두는 일이 아닌 것은 거의 없다. 로또나 날씨처럼 우연적인 요소가 지배하거나 인간이 통제할 수 없는 영역이 있다. 그런 분야에는 정교한 훈련이 자리 잡을 수 없다. 그러나 생업을 위해서 성공을 위해서 행하는 대다수의 일들은 노력하기에 따라 얼마든지 더 나은 상태로 만들어 갈 수 있다. 당신이 하고 있는 일은 노력하기에 따라 향상될 수 있는가? "그렇다"라고 답할 수 있다면, 당신의 일은 충분히 '10년 법칙' 의 대상이 될 수 있다.

셋째, 실수나 실패가 허용되어야 한다. 전문가들은 가능한 실수나 실패를 저지르지 않으려 노력한다. 그러나 실패나 실수를 통해서 훗날 더 큰 실패를 저지르지 않도록 배울 수 있다. 실수나 실패라는 시행착오를 통해서 끊임없이 학습할 수도 있다. 그렇기 때문에 단 하나의 방법이나 해답이 존재하는 영역은 '정교한 훈련' 과는 거리가 멀다. 전문가들이 운신할 수 있는 폭은 넓어야 하기 때문이다. 이런 점에서 전문가가 추구하는 길에는 정답 같은 것이 존재하지 않는다. 앞선 자들을 참고해서 얻을 수 있는 성공 사례들은 있겠지만, 저마다 독특한 자신만의 경로를 설정하고 그 선택에 책임을 질 수 있어야 한다. 정교한 훈련이란 이런 선택의 과정에서 실수나 실패의 가능성을 줄여 나가는 일련의 활동들이라 볼 수 있다.

넷째, 피드백을 행할 수 있어야 한다. 누군가에게서 배울 수 있어야 한다. 학교라면 교사와 참고서를 통해 배울 수 있다. 직장이라면 그 분야에서 뛰어난 선배나 동료에게 배울 수 있다. 그러나 이들만으로는 부족하다. 단지 그들을 따르기만 해서는 뛰어난 전문가로 서기 힘들다. 초반에는 자신만의 노하우를 찾아내기 위해 끊임없이 배워야 한다. 진정한 전문가는 자기 기량이 일정 수준까지 도달한다 해도 여전히 배우는 데 인색하지 않을 것이다. 그것은 타인의 경험을 통해 자신을 교정해 가는 과정이라 할 수 있다. 동료나 친구들에게 받는 평가도 또 다른 피드백이다. 좋은 평가를 받기 위해 자신을 되돌아보고 교정해 나간다. 이처럼 정교한 피드백 과정을 통해서 살아남은 자들이 진정한 전문가로 성장하는 것이다.

당신이 하고 있는 일이 노력하기에 따라 향상될 수 있다면, 당신의 일은 '10년 법칙'의 대상이 될 수 있다

프로로 불리고 싶다면?

12

 스타급 전문가로 입신하고 싶다면 '10년 법칙'을 정적인 개념이 아니라 동적인 개념으로 이해해야 한다. 에릭슨과 닐 차니스(Neil Charness)는 「전문가 수행력(*Expert Performance*)」라는 논문에서, 직업 세계에서 국제적인 수준에 도달한 사람들과의 인터뷰를 통해 흥미로운 결과를 제시한다. 그가 관심을 갖는 주제는 '전문가로 입신하는 데 시간의 흐름에 비례해서 어떤 패턴이 생겼는지', '처음부터 하는 일에 재미를 느꼈는지'이다. 이 연구는 1985년에 블룸(Benjamin S. Bloom)이 발표한 「재능 개발에 대한 일반화」라는 논문에 기반을 두고 있다. 악기나 스포츠를 배우는 어린 학생이 성장하는 과정을 머리 속에 그려 보면 이해가 쉬울 것이다.

 처음에는 부모의 권유나 선생님의 제안 등으로 특정 분야를 선택해서 학습을 시작하는 시기다. 훈련 받는 양도 제한되어 있고 배우는 학생도 그다지 적극적이지 않으며, 큰 재미를 느끼지 못하는 시기다. 전문가로서의 성장하기 위한 첫 번째 국면에 해당하며 특정 분야에서 그동안 축적된 기존 지식과 경험을 체계적으로 배우는 시기다. 자발적으로 행동하기보다는 의무감 내지 강요 때문에 훈련을 받는 경우라고 보면 된다.

이 상태는 10-20대에만 한정되지 않고 30-40대에서도 새로운 지식이나 분야를 개척해 나가는 경우에도 적용될 수 있다. 학교를 졸업하고 새로운 일을 하게 된 사람들은 선배나 동료, 책을 통해 업무를 익혀 나간다. 일하는 즐거움이나 훈련의 양도 제한적이기 마련이다. 즐거워서라기보다는 의무감 때문에 일하는 경우가 많다. 그러나 이같은 상황은 연습량이 늘고 숙련도가 높아지면서 변한다.

두 번째 시기에는 파트타임이 아니라 거의 풀타임에 가까운 연습이 이루어진다. 악기를 배우는 아이가 그 악기를 전공하겠다고 할 때가 이 시기에 해당된다. 이 기간에는 하루나 일주일 혹은 한 달을 기준으로 보더라도 정교하게 이루어지는 훈련의 절대량이 크게 증가한다. 열의가 있는 부모라면 아이에게 더 나은 환경과 도전 기회를 제공하기 위해 힘쓴다. 이 기간에 아이들은 괄목할 만한 성장 속도를 보인다. 이 시기를 직업인의 경우에 적용한다면, 막연하게나마 자신이 이 분야에서 성공하겠다는 의지를 갖고 좀 더 전력투구하는 기간이다. 자신이 가진 에너지를 직업적인 기량을 향상시키는 데 쏟는 투자 기간인 것이다. 이전 시기에 비해서 일하는 재미와 흥미를 느끼기 시작하는 기간이다. 이 기간 동안 헌신과 몰입하는 빈도가 높아지는 것도 특이점으로 볼 수 있다.

세 번째 시기에는 그야말로 자신의 전문적인 기량을 향상시켜 특별한 인물이 되기 위해 풀타임으로 전념한다. 다음 쪽의 그림을 보면 블룸은 이 시기를 지나는 사람들을 '탁월한 성취를 추구하는 전문가'라고 표현한다. 한 분야에서 큰 획을 그을 수 있는지 없는지가 이 기간에 결정된다. 국제적인 수준에까지 이르는 사람은 여전히 소수에 불과하겠지만, 어느 수준 이상의 경지에 도달하기는 어렵지 않을 것이다.

세 번째 시기에서 평범한 수준을 넘어서서 탁월한 전문가로 입신하느냐의 여부는, 자신만의 독특한 기여를 만들어 낼 수 있느냐에 달려 있다. 두 번째 시기까지는 정교한 훈련으로 기존의 지식과 경험을 충분히 배우면 가능하지만, 세 번째 시기에는 이를 재해석해서 자기만의 독특한 영역을 개척할 수 있어야 전문가로 성공할 수 있는 것이다.

> 처음 세 단계의 시기 동안, 개인은 선생님과 코치가 가르쳐 준 지식과 기량을 마스터해야 한다. 그러나 더 높은 수준, 즉 탁월한 성과를 이루려면 네 번째 시기로 진입할 수 있어야 한다. 기존 지식이나 경험을 뛰어넘어 특정 영역에 독특한 기여를 할 수 있어야 한다. 비슷하게 뛰어난 아티스트들이 미래 예술의 영역을 확장하는 데 새로운 기술과 해석을 생산하더라도, 혁신을 만들어 내는 프로세스는 기존 지식의 습득과는 다르다.
>
> K. Anders Ericsson and Neil Charness, "Expert Performance",
> *American Psychologist*, August 1994. pp.739~740

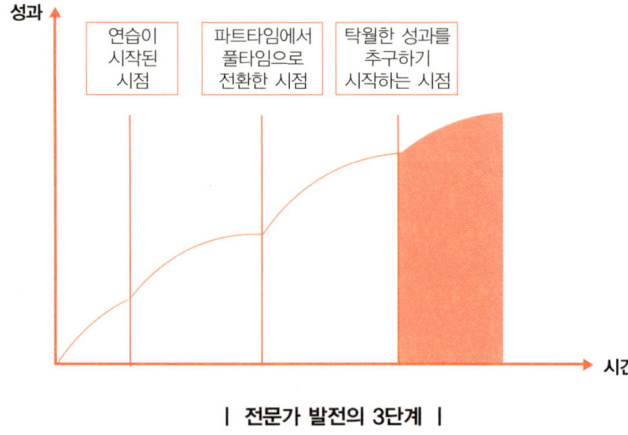

| 전문가 발전의 3단계 |

출처: K. Anders Ericsson and Neil Charness, "Expert Performance", *American Psychologist*, August 1994. p.739

직업 세계에 속한 사람들도 얼마든지 이와 비슷한 상황을 머리 속에 그릴 수 있다. 교과서에 적혀 있는 것이나 기존의 방법을 익히는 것만으로는 부족하다. 그것을 기반으로 해서 자신만의 방법을 제시할 수 있어야 한다. 그럴 때 한 개인의 창조성이 그 모습을 드러낼 수 있다. 기존 지식을 축적한 것을 바탕으로 자신만의 독특함을 더하는 과정은 조합(combination) 능력을 한껏 발휘해야만 가능한 일이다. 어떤 분야를 보더라도 직업 전문가로서 성공하려면 자신만의 독특함을 만들어 낼 수 있어야 한다. 일본 대장성의 고위관리 시절 '미스터 엔'이라 불렸던 게이오 대학의 사카키바라 에이스케 교수는 "21세기야말로 세계 규모의 경쟁의 시대"라고 정의하면서 직업인으로서의 창의성에 대해 이렇게 말한다.

창의력의 원천은 지식입니다. 지식이 많은 사람은 적은 사람이 생각해 낼 수 없는 콤비네이션을 생각해 냅니다. 실제로 동서고금의 천재, 빼어난 창의력을 보인 사람은 모두 놀랄 정도로 박식합니다. 레오나르도 다 빈치가 그 전형적인 예라고 할 수 있습니다. 천재는 모두 굉장한 지식을 지니고 있던 사람입니다.

사카키바라 에이스케, 『세계경제의 세력도』, p.216

기존 지식을 충분히 습득하고 이를 바탕으로 자신만의 독특한 능력을 만들 수 있는가? 그런 능력들이 고객의 가치 창조에 기여할 수 있는가? 이런 문제들을 동시에 해결하는 사람은 어느 분야에서 일하든지 직업 세계에서 전문가로 성공적인 인생을 살 수 있을 것이다.

'10년 법칙'의 동적 개념에 대해 또 다른 해석을 엿볼 수 있는 부분은 하워드 가드너의 연구 결과물이다. 그는 일정 궤도에 도달한 탁월한 전문가들이 지적 노력을 게을리하지 않는다면 '10년 법칙'으로 한 부분에서 일가를 이루는 것에 그치지 않고 10년 터울을 기준으로 새로운 영역을 개척하거나 기존 영역의 특별한 심화에 성공한다고 말한다. '10년 법칙' 역시 10년 전후로 스스로를 지속적으로 진화해 간다는 뜻이다. 직업 세계에서 일단 '10년 법칙'을 한 번이라도 성공시킨 사람이라면 그곳에만 머물고 있지 않을 것이다. 전문가의 능력에 정체란 허용되지 않는다. 기술이나 고객의 필요나 요구는 계속 변하기 때문이다.

'10년 법칙'을 성공시킨 경험을 가진 전문가라면 스스로 자신의 기량을 갈고 닦을 수 있는지 체득하게 된다. 동시에 할 수 있다는 자신감을 갖고 있기 때문에 얼마든지 또 한 번의 '10년 법칙'을 만들어 낸다. 이 과정이 무한정 계속될 수는 없지만 지식이나 경험과 관련되어 있는 한 여러 번 반복할 수 있다고 추측하는 것이다.

	기원	10년	20년	30년 이후
프로이트	샤르코	「프로젝트」* 「꿈의 해석」**	「성욕에 관한 세 편의 에세이」	사회학적 저술
아인슈타인	광선 사고 실험	특수 상대성 이론	일반 상대성 이론**	철학적 저술
피카소	바르셀로나 모임	「아비뇽의 처녀들」* 입체주의	신고전주의 양식	「게르니카」**
스트라빈스키	림스키 코르사고프의 영향을 받은 작품	「봄의 제전」*	「결혼」**	후기 양식
엘리엇	「프루프록」 초기 습작품	「황무지」*	「4개의 사중주」**	극작가 / 비평가
그레이엄	세인트 데니스 무용단	첫 번째 독무회	「프론티어」*	「에팔래치아의 봄」** 신고전주의 양식
간디	나탈	남아프리카 체류 사티아그라하 구상	아메다바드*	소금 행진

* 근본적인 도약
** 포괄적인 창조물

| 창조성의 10년 법칙 |

출처: 하워드 가드너, 『열정과 기질』, p.640

10년의 견습 기간을 거쳐야 중대한 혁신을 이룰 수 있다. 이러한 도약은 대개 일련의 시험적인 단계를 거쳐 이루어지는 편이지만, 일단 도약하면 과거로부터 결정적인 단절을 이룬다. 이런 맥락에서 나는 프로이트의 「프로젝트」와 아인슈타인의 특수 상대성 이론을 결정적인 도약으로 간주한다.

이어서 창조자는 자신의 혁신적인 도약과 타협한다. 후속적인 혁신은 더 폭이 넓고 종합적인 성격을 갖게 마련이다. 더 미묘한 방식, 즉 해당 분야의 과거에서 이루어진 성과 및 다른 사람들이 수행한 업적과 더욱 직접적으로 관련을 맺는 식으로 혁신을 감행하는 것이다. 프로이트의 『꿈의 해석』, 아인슈타인의 일반상대성 이론, 피카소의 「게르니카」 등이 두 번째로 정점에 오른 도약이라 할 수 있다.

두 번째 도약 이후에 벌어지는 일은 창조자 개인의 재능과 포부보다는 해당 분야의 성격에 따라 좌우된다. 최근 생긴 개방적이고 경쟁자가 비교적 작은 분야라면, 활동 여력이 남아 있는 동안 계속해서 혁신적인 업적을 낼 수 있다. 두 번째의 10년이 지난 후에는 다른 종류의 기회가 생긴다. 관련 분야를 역사적으로 혹은 반성적으로 되돌아보기 시작할 수도 있다.(중략)

이처럼 창조적인 인물은 정력 면에서도 큰 차이가 있지만, 백과사전에 등재된 생산물의 숫자가 중요한 것은 아니라고 생각한다. 내 눈길을 끄는 것은 그들이 매일 창조력을 발휘했다는 점이다.

『열정과 기질』, pp.637-641

일단 한 분야에서 '10년 법칙'을 통해 전문가의 영역에 진입한 사람들은 이변이 없는 한 지속적인 노력을 더할 것이다. 이미 그들은 성공체험의 축적을 통해서 자신의 잠재능력이 무한하다는 사실을 깨우치고 있으며, 이를 후천적인 노력을 통해서 얼마든지 발전시킬 수 있다는 사실을 경험적으로 잘 알고 있기 때문이다. 결과적으로 그들은 초기 '10년 법칙'이 만들어 낸 특정 영역을 심화시킬 뿐 아니라 새로운 영역을 향한 확산까지 병행한다. 결과적으로 그들에게 전문 영역의 심화와 확산이란 두 가지를 동시에 진행하면서 10년 정도의 터울을 중심으로 획기적인 발전을 이룰 가능성이 높다. 이를 간략한 그림으로 표현하자면 이렇게 나타낼 수 있다.

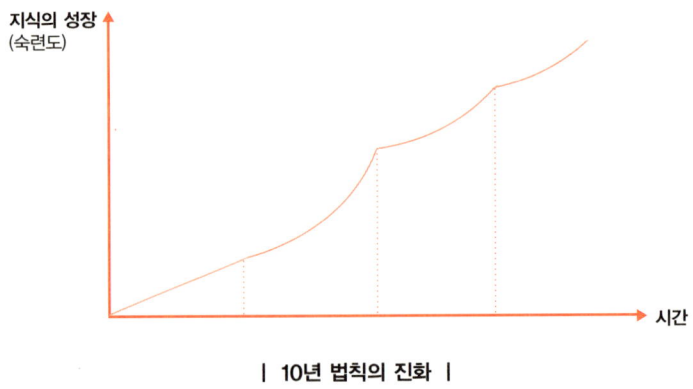

| 10년 법칙의 진화 |

10년 법칙 역시 10년 전후로 스스로를 지속적으로 진화해 간다

10년
법칙

03

10년 법칙을
어떻게
적용할 것인가?

'10년 법칙'은 분야를 탐색하는 데서 시작되며 끈기와 반복, 집요함을 요구한다. 자기 분야에서 한 획을 긋는 인물로 자신을 세우라. 남이 할 수 없는 자신만의 독특함을 개발하고 남과 차별화되는 그 무엇을 내놓으라. 그러기 위해서 먼저 자신이 집중할 수 있는 분야를 찾아내고, 재능을 발견한 후, 그 위에 정교한 노력을 더하라.

확실한 것은 아무것도 없다

01

'전략적', '계획적'이라는 단어들은 잘 정리되고 안정적인 느낌을 준다. 인생에도 이런 형용사가 붙으면 근사해 보이겠지만, 학교를 졸업하고 나서 조직 생활을 시작할 때부터 이런 단어들을 사용하기는 어려운 일이다. 물론 처음부터 "이것이 나의 길이다"라고 확신을 갖는 사람들도 있겠지만 아주 드문 사례일 것이다.

첫 직장을 잡는 일은 '운'이 강하게 작용하는 것처럼 보인다. 수십 대 일에서 수백 대 일에 이르는 관문을 통과해서 첫 직장을 잡은 사람들이 처음부터 전략적 혹은 계획적으로 그곳에서 출발했다고는 보기 어렵다. 우선은 직장을 잡아야 하고, 지원한 몇 군데 중 운 좋게도 합격해서 사회생활을 시작하는 경우가 대다수인 현실이다.

사회에 첫발을 내딛는 수많은 젊은이들은 막연히 기대했던 이상적인 조직 생활과 현실의 괴리 때문에 당황하거나 실망한다. 특히 우수한 학교생활을 했던 사람이라면 매사를 자기가 통제하는 데 익숙할 것이다. 시험 성적이란 노력하기에 따라 조절할 수 있는 통제 가능한 영역이지만 사회생활에는 통제할 수 없는 영역이 많기 때문에 무력함을 느끼기 쉽다. 그래서 금세 조직 생활에 흥미를 잃는 젊은이들을 만나기는 어렵지 않다. 그러다 보면 막연히 '다른 직장은 좀 낫겠지'라고 생각해서 이직을 반복하거나, '그냥 적당히 살지 뭐' 하며 타협해서 지내는 경우가 늘어나게 된다.

그러므로 사회에 첫발을 내딛는 사람들은 무엇을 해야 할지, 어디를 향해 가야 할지, 어떻게 해야 할지 등을 모두 미완의 과제로 받아들이는 자세를 가져야 한다. 마치 흰 캔버스를 앞에 두고 뚜렷한 계획을 갖지 않은 채 그림을 시작하기 위해 앉은 화가의 마음을 가져야 한다. 우리는 모두 인생이라는 캔버스를 앞에 두고 앉은 화가다.

자기 분야에서 큰 획을 그은 사람들, 특히 사업 세계에서 우뚝 선 사람들도 처음부터 정교하게 짜여진 계획을 갖고 시작하지는 않았다. 그렇게 할 수도 없다. 변화무쌍한 사업 세계에서 처음부터 끝까지 짜여진 계획을 갖는 것은 구조적으로 불가능하다. 월마트의 창업자 샘 월튼이 자기 자녀들에게 어떻게 보였는지 묘사한 글을 읽으며, 나는 전문가조차 구체적인 계획을 갖고 사는 것이 얼마나 어려운지 다시금 확인했다.

아버지는 언제나 융통성이 있어야 한다고 말씀하셨다. 가족 여행이든 사업 여행이든 우리는 도중에 적어도 한 번 이상 스케줄을 바꾸지 않은 적이 없다. 나중에 어떤 작가가 아버지를 '복잡한 계획을 직관적으로 계발하고 정확하게 그것을 실행하는 위대한 전략가'라고 묘사했을 때, 우리는 모두 킬킬대지 않을 수 없었다. 아버지는 변화무쌍한 사람으로, 그 어떤 결정도 신성시하지 않았던 것이다.

샘 월튼 · 존 휴이, 『샘 월튼(Made in America)』, p.104

융통성을 가지는 것은 매우 중요한 일이다. 자기 의지나 의도와는 관계없이 자신이 처한 상황은 시시각각으로 변하기 때문이다. 16여 년 동안의 학교생활은 스스로 거의 모든 영역을 통제할 수 있는, 안정적이고 예상 가능한 사회였다. 하지만 사회생활은 전적으로 다르다. 아마 샘 월튼이 자식들에게 가르치고 싶었던 점은 학교생활과 세상살이는 다르다는 사실일 것이다. 스스로 통제할 수 없는 변화무쌍한 세계를 살아가기 위해 반드시 필요한 덕목은 융통성이라는 것을 자식들에게 가르쳐 주고 싶었을 것이다. 직업 세계의 전문가로서 달려온 샘 월튼이 이렇다면, 이제 막 사회 생활을 시작하는 사람들이 아무런 계획을 갖고 있지 않은 것은 어쩌면 당연한지도 모른다.

혼다, 소니와 더불어 일본의 3대 젊은 기업으로 통하는 교세라 그룹의 이나모리 가즈오 명예회장의 입사 초기를 회상한 글을 보면, 그 역시 다른 사람들과 마찬가지로 구체적이고 세밀한 인생의 계획을 갖고 있지 않았다. 떠밀리듯, 그리고 어찌할 수 없이 잡게 된 첫 직장이 보수조차 제대로 지불할 수 없는 상황이었음을 이렇게 회고한다.

가난한 집안에 자식들까지 많다 보니 나 또한 '한가하게' 공부
에 힘쓸 형편이 아니었다. 교육 환경을 탓할 생각은 없지만 나
는 중학교 입학시험에 보기 좋게 떨어졌고 이듬해 다시 도전했
지만 역시 실패했다. 학제 개편 덕분에 고등학교에는 무시험으
로 진학할 수 있었지만, 대학 입시 때는 지망 학교로부터 입학
을 거절당했다. 취직 문턱은 더욱 높았다. 가능한 많은 회사에
입사원서를 제출했지만 결과는 전멸이었다. 우여곡절 끝에 담
당교수의 소개로 간신히 입사한 회사는 도산 직전이었으니 당
시 심정이야 무슨 설명이 필요할까.
교토의 쇼후 공업에 입사한 후 나는 특수자기라고 불리는 뉴세
라믹 중에서도 특히 고주차 절연성이 높은 자기를 연구하는 부
서에 배치되었다. 나머지 4명의 동기생들은 저마다 다른 사업부
문에서 일했다. 회사는 날로 악화되었다. 기간이 지날수록 주문
량은 계속 줄었고 월급날도 일정하지 못했다. 하나 둘씩 회사를
떠나 결국 동기생 중 나를 포함해 두 명만 남았다. 고민 끝에 우
리는 자위대 간부후보생 학교에 원서를 냈고, 시험에 합격했다.

이나모리 가즈오, 『CEO to CEO』, pp.16~62

이나모리 회장이 당시 다른 친구들처럼 쉽게 이직했다면 그의 인
생은 완전히 다르게 전개되었을 것이다. 인생이란 이처럼 순간 순간

사소하게 보이는 결정들이 연결되어 하나의 그림을 완성한다.

어느 누구도 처음부터 잘 짜여진 로드맵을 갖고 시작하지 않는다. 어느 분야에서 일해야 할지, 궁극적으로 어떤 모습으로 인생을 만들어 갈지, 어디서부터 어떻게 길을 개척해야 좋은지 등의 질문에 관한 해답은 모두 베일 속에 가려져 있다. 마치 퍼즐처럼 하나씩 찾아서 전체 그림을 만들어 간다고 생각하면 된다. 이렇게 생각하면 이제까지 지냈던 학교 시절과 완전히 다른 차원의 생활이 펼쳐진다는 사실을 알게 될 것이다. 인생이라는 프로젝트를 구축하는 것은 순전히 자신만의 몫이다. 자유롭게 선택하되 거기에 책임져야 하는 것이다.

인생 계획도의 잠정안을 만드는 데는 사람마다 차이가 있겠지만, 일정한 시간이 흐른 다음에 윤곽이 드러나게 된다. 다만 한 가지 분명한 사실은 잠정안이라도 어느 정도 윤곽을 드러낸 인생의 로드맵을 향해 나아가는 과정에 있어 자신 외에는 모두 보조자라는 것이다. 인생 계획도의 완성에 책임을 크게 느껴야 하는 사람은 자신뿐이라는 사실이다. 초조해하거나 두려워할 필요 없이 자신에게 주어진 하나의 도전과제를 기꺼이 수용하겠다는 마음을 갖고 이를 완성시키는 행위 그 자체를 즐길 수 있다면 이미 전문가의 길로 나가는 데 절반의 성공을 거두고 있다고 보면 된다.

'10년 법칙'은 처음부터 잘 짜여진 계획도에 따라 하나하나 맞추어 가는 것이 아니라, 어떤 분야를 공략해야 할지 탐색하는 것에서 시작된다. 이처럼 불확실한 과정을 대충 생략한 채 곧바로 원하는 분야를 찾아낼 수는 없다.

최근 아주 특이한 경력의 인물에 관한 인터뷰 기사를 보았다. 20세에 처음 영어를 접하고 난 후 영어로 뛰어난 소설을 쓰고 있는 보스턴 대학 영문학과 교수인 중국계 소설가 하진(哈金)이다. 미국 최고 권위의 '펜포크너상'을 두 번이나 수상하고 2005년 미국 외교전문지 『포린폴리시』와 영국 정치평론지 『프로스펙트』가 지정한 '이 시대 최고 지성 100인' 중에 한 명으로 선정될 정도의 쟁쟁한 인물이다. 동아일보 공종식 특파원의 "혹시 한국 독자들에게 해 주고 싶은 말이 있다면?"이라는 질문에 아주 멋진 대답을 했다.

> 너무 현실적이 되지 마세요. 많은 아시아계 젊은이들이 미국에서 장래 수입 등 안정만을 기준으로 진로를 결정하는 것을 보면 답답할 때가 많습니다. "인생에서 확실한 것은 아무것도 없다. 그냥 가슴이 원하는 것을 따르라(In life as a human being, nothing is secure. Just follow your heart)"고 말해 주고 싶습니다.
>
> 공종식, '세계지성 신년 인터뷰: 미국 문단 돌풍, 중국계 작가 하진',
> 『동아일보』, 2006. 1. 2.

10년 법칙은 어떤 분야를 공략할지 탐색하는 것부터 시작된다

속도는 해결책이 아니다

02

현대는 속도가 지배하는 시대다. 속도는 이미 이 시대를 대표하는 하나의 키워드로 자리잡고 있으며, 앞으로도 지배적인 트렌드로서 손색이 없을 것이다. 그러나 시대의 추세는 우리를 둘러싸고 있는 환경을 지배하는 경향에 불과하다. 우리 자신은 그런 시대적 변화와는 무관한 존재임을 제대로 인식하고 있어야 한다. 한 분야에서 입지전적인 인물로 성장한다는 것은 결국 무엇을 의미하는가? 이는 두뇌의 한 영역에 자기 분야와 관련해서 대단한 공장을 건설하는 일과 같다.

그것은 속도와는 아무 관련이 없다. 이미 두뇌를 비롯한 우리 신체는 생물학적인 진화가 끝난 지 오래다. 그러므로 세상의 추세나 경향, 트렌드나 유행에 관계없이 두뇌에 공장을 짓는 프로젝트는 고전적인 삶의 원칙을 따라야 한다.

하지만 속도감에 익숙한 세대는 이런 일을 견디기 어려워할 수도 있다. 얼마 전 서울의 한 명문대 대학원에서 10여 년 동안 학생을 가르치고 있는 K교수를 만났다. 그는 학생들이 너무 편안하게 공부하기를 바란다며 걱정했다. 시간이 갈수록 이런 상태가 점점 심해지고 있다며 어려움을 토로했다. 대학원생이라면 당연히 논문이든 연구든 스스로 생각하고 자기 논리에 따라 정리해서 내놓아야 하는데, 자신이 가르치는 대학원생들은 다르게 생각하고 있다고 말했다.

> 시간이 갈수록 학생들이 편안하게 공부하려는 욕구가 점점 강해지고 있습니다. 이런 저런 읽을거리를 잔뜩 안겨다 주면 다들 싫어해요. 그래도 예전 학생들은 의무감에서라도 '읽어야 하는구나' 라고 생각했거든요. 게다가 요즘은 강의에 대한 요구도 자신들이 읽고 정리해서 요약하기보다는 교수가 알아서 정리해주기를 원합니다. 마치 학원 선생님들이 잘 정리해서 시험을 잘 치도록 도와주었던 것처럼, 교수에게도 그렇게 요약 정리된 내용을 기대하는 것입니다. 그런 교수가 인기를 끌지도 모르지만, 저는 그것이 대학이나 대학원 교육의 본질이라 생각하지 않거든요. 그래서 고민이 많습니다.

정해진 시간 동안 최고의 성적을 올려야 했던 중·고교 시절에는 그런 방법이 효과가 있었을지도 모른다. 그러나 대학이나 대학원은 시험을 준비하는 곳이 아니다. 스스로 문제 해결 능력을 키우기 위한 기초 실력을 쌓는 곳이다. 그렇다면 스스로 읽고, 생각하고, 판단하고 자기 생각과 의견을 정리하는 훈련을 해야 한다. 깊이 생각하지 않고 생활한다면 사람이란 과거의 것을 기계적으로 반복하게 된다. 대학원생들이 취하는 학습 방법도 그런 차원에서 이해할 수 있을 것이다.

그러나 입사 이후에도 이런 행동을 지속한다면 곤란하다. 조직은 문제 해결 능력이나 기회 포착 능력 등을 요구한다. 그렇다면 상황을 진단하고, 분석하고, 기존 자료를 검색하고 나름의 독창적인 문제 해결책을 제시하는 것을 스스로 훈련해 나가야 한다. 그렇지 않고 과거의 행동만 답습하는 사람의 능력은 입사 이후에도 제자리걸음을 면치 못할 것이다.

이런 점에서 나는 책의 요약본 읽기를 좋아하지 않는다. 그런데 많은 기업들이 짧은 시간에 많은 정보를 얻게 하려는 기대로 임직원들에게 요약본을 읽도록 한다. 물론 아무것도 읽지 않는 것보다 도움이 되겠지만 기회비용이란 면에서 보면 원 저서를 읽는 것만 못하다. 요약본은 이미 누군가의 판단에 따라 내용이 정리된 것이지만, 원 저서는 자기 판단에 따라 가공할 수 있는 원석에 비유할 수 있다. 타인의 머리를 거쳐 정리된 것은 정보 이상의 의미를 지니기 힘들다. 자신의 업무 해결 능력을 키우는 데 필요한 자신에게 독특한 컨텐츠를 발견해서 이용하는 데 어려울 수밖에 없다.

원 저서를 읽으면서 스스로 생각을 정리할 수 있는 훈련을 해야 하며, 책 속에 등장하는 수많은 상황이나 정보를 기초로 자신이 취급

하는 있는 직무와의 관련성을 스스로 찾아낼 수 있어야 한다. 스스로 생각하는 능력을 키우는 것은 스스로 문제 해결 능력을 강화하는 일이다. 요약본에 비해 훨씬 두터운 원 저서를 읽으려면 더 많은 시간과 더 활발한 두뇌 활동이 필요하다. 이런 노력의 중요성을 높이 평가하지 않거나 견딜 수 없는 사람은 전문가로 성장하기 어렵다. 세상은 암기력을 테스트하는 곳이 아니기 때문이다. 인생에는 수없이 많은 인생의 역전 드라마가 펼쳐진다. 기본적으로 학교와 사회에서 이루어지는 게임의 방식이 다르기 때문이다.

사카키바라 에이스케 교수도 이와 비슷한 이야기를 했다. 그가 1970년대에 가르치던 학생들에 비해서 오랜 관직 생활을 거친 이후에 만난 학생들이 유치하다고 토로하고 있다. "스스로 생각하는 능력이 부족하다는 느낌을 떨칠 수가 없다"고 말한다. 그 이유는 스스로 직접 고민하면서 해 보는 습관을 갖지 못했기 때문이라고 에이스케 교수는 지적한다.

이제 막 입사한 세대들은 속도가 지배하는 시대에 청소년기를 보낸 사람들이다. 무엇이든 속도감 있게 처리해야 하고, 진득하게 뭔가를 물고늘어지는 일을 힘들어하고 싫어하는 세대다. 물론 그렇지 않은 사람들도 있겠지만, 평균적으로 그런 분위기 속에서 성장한 사람들이라는 점을 부인하기는 힘들다.

긴 인생을 사는 데 필요한 능력들은 어느 날 갑자기 만들어 낼 수 없다. 자기 분야와 관련된 두뇌 구조와 기능을 바꾸어 가는 연속적인 활동이 필요하다. 쉽고 편안한 길을 걸어갈 생각 따위는 처음부터 하지 말아야 한다. 부지런히 일을 찾아서 해야 하고, 일단 일할 때는 이 제까지 해 온 방법을 살펴보되 습관적으로 그것을 따라하지는 말아야 한다. 기계적인 반복은 두뇌 구조나 기능에 긍정적인 영향을 크게 끼칠 수 없기 때문이다.

두뇌의 변화는 속성으로 이룰 수 없다는 사실을 명심하라. 장기간에 걸쳐서 꾸준히 노력하는 것 외에는 자기 역량을 강화하는 다른 방법이 없다. '10년 법칙'을 자기 삶 속에서 실천하고 싶다면 끈기와 반복, 집요함이라는 이 세 단어는 반드시 기억해야 한다.

재기 넘치고 순발력이 뛰어나지만 자신이 원하는 인생을 만들어 가지 못하고 실패하는 사람을 많이 보았다. '저 친구는 꼭 성공할 거야'라고 기대를 모았던 사람 중에도 주변의 성원을 저버리는 경우가 적지 않다. 50대 초반에 되돌아 본 자신의 경험을 소개하는 누군가의 경험담은 이렇다.

주위를 둘러보면 명문학교의 우등생 출신이지만 호구지책을 마련하지 못해 지인에게 손을 벌리는 백수들이 적잖다. 그 반대 사례의 주인공도 보인다. 학창 시절 열등생이었지만 일찌감치 자기 사업을 차려 명문대 출신 임직원 여럿을 호령하는 기업인 이 그들이다. 운의 차이로만 설명할 수 있을까? 그렇다면 인간의 의지, 도전정신, 열정은 의미가 없지 않은가?

고승철, '그대 삶의 CEO는 그대 자신', 「동아일보」, 2005. 11. 30.

모든 경험을 통해서 자신을 만들어 가는 원료나 계기로 생각하는 사람과 그렇지 않은 사람 사이에는 세월과 함께 커다란 간격이 발생할 것이 분명하다. 입사 이후 10여 년 동안 자기 분야에서 커다란 변화를 이룰 수 있는 사람은 또 다른 차원의 인생을 만들 수 있을 것이다. 그러기 위해서는 빠름보다 느림이 필요할 것이다. 재치보다는 끈기가 필요하다. 총명하기보다는 우둔해야 할 수도 있다. 그래서 '둔재필승(鈍才必勝)'이라는 한자숙어가 있지 않은가? '둔재가 결국 승리한다'는 모순이 틀리지 않는 것이 우리네 인생이다.

10년 법칙을 실천하고 싶다면
끈기와 반복, 집요함이라는 세 단어를 기억하라

열정이 인생을 이끈다

03

지루해 보이는 일상 속에서 사람들은 하루하루 전진하려 안간힘을 쓴다. 더 나은 미래를 만들기 위해 고군분투한다. 왜 그럴까? 또한 사람마다 제각각 차이가 나는 이유는 무엇일까? 그것은 바로 삶에 대한 의욕이나 열의일 것이다. 그것을 갖고 있지 않는 사람은 생의 어느 시기에서도 전진할 수 없다.

프랑스 요리사 알랭 뒤카스는 '세계 유일의 별 아홉 개 주방장' 이라는 별명을 갖고 있는 인물이다. 레스토랑 전문 평가지 『미슐랭』이 그가 운영하는 뉴욕, 파리, 몬테카를로의 레스토랑 모두에 최고 등급에 해당하는 별 세 개를 주었기 때문이다. 과연 그 비결은 무엇일까? 알랭은 훌륭한 요리사의 조건은 열정과 재능이고 이것이 없는 요리사는 존재가치가 없다고 말한다. 그는 열정이란 풋내기 요리사가 진짜 요리사로 나아가게 만드는 조건이고, 재능은 그 성장에 박차를 가하는 페달에 비유했다.

풋내기 요리사로 하여금 진짜 요리사로 나아가게 하는 것이 열정이라는 말에는 전적으로 동감한다. 어디 요리뿐인가? 어느 분야든지 직업 세계에 뛰어들고 나면 그 다음부터는 열정이 있느냐 없느냐에 따라 성장할 수 있느냐 없느냐가 판가름난다. 뜨거운 열정은 무에서 유를 창조하는 매우 중요한 원동력이다.

모든 사람의 형편을 일괄적으로 단언할 수는 없지만, 이전 세대보다 풍요롭게 큰 현재의 젊은 세대는 삶에 대한 의욕이나 의지가 상대적으로 낮은 편이다. 며칠 전 평소 알고 지내던 고교생을 둔 학부모를 만났다. 물려받은 재산에다 경제 상황에 크게 좌우되지 않는 사업을 해 온 탓에 넉넉함이 자연스럽게 배인 집안이다. 대학을 다니는 아이들과 관련되어 이런 저런 이야기를 나두다가 놀라운 말을 들었다.

애들이 고생스럽게 이리 뛰고 저리 뛰고 할 필요가 있습니까? 부모가 남겨 준 재산 정도면 아이들도 편안하게 살 수 있을 텐데 말입니다. 저처럼 생각하는 부모도 의외로 많습니다. 편안한 길을 택하는 것이 아이에게나 부모에게 모두 나은 길이라고 생각합니다. 그래서 저는 아이들이 경쟁이 치열한 분야에 뛰어들어 생존하려고 발버둥치는 것을 별로 원하지 않습니다.

나는 이 말을 듣고 많이 놀랐다. 부모는 평생 동안 자녀와 함께 살아 줄 수 없기 때문이다. 아이들의 인생은 훨씬 긴데, 부모 기준으로 자신이 물려주는 유산으로 편안하게 사는 것이 좋다는 말에 놀랐다. 나는 그분에게 이렇게 말했다.

글쎄요. 인생에 대한 가치관이 관련된 문제이기 때문에 어느 것이 올바르다고 이야기할 수는 없을 것입니다. 다만 아이에게는 아이 인생이 있고, 부모에게는 부모 인생이 있다는 것입니다. 부모가 편안한 인생이라고 생각하는 것이 자칫 아이들에게 엄청난 시련을 안겨 줄 수도 있습니다.

짧은 인생 경험이지만, 돈이란 것은 벌어서 써 봐야 합니다. 왜냐하면 그것 자체가 갖고 있는 독성 때문입니다. 자수성가한 사람조차도 축적한 재산 때문에 인생 후반기에 어려움을 경험하는 경우가 많지 않습니까. 어쩌면 인생 자체를 파멸의 구렁텅이로 밀어 넣을 수도 있습니다.

그래서 부모가 여유가 있든 없든, 아이들은 인생에서 성공하기 위해 스스로 온힘을 다해 노력해야 한다고 생각합니다. 그 과정을 통해 물질로는 도저히 채울 수 없는 것들을 얻게 됩니다. 이는 삶에서 경험할 수 있는 큰 기쁨입니다. 그래야 물려받은 재산도 유지할 수 있을 것입니다. 인생의 컨텐츠도 충실해집니다. 그저 배부르고 편안하게 사는 것이 삶의 목표는 아니지 않습니까?

잘하고 싶다는 의욕과 열정이 있으면 노력이 그 뒤를 따를 가능성이 높아진다. 의욕과 노력은 마치 한 쌍처럼 함께 움직인다.

선천적으로 의욕이나 의지가 강한 사람들이 있다. 월마트 창업자 샘 월튼은 자서전에서 "나로서는 무엇이 사람에게 야망을 갖게 하는지 알 수 없다. 하지만 세상에 태어날 때부터 내가 추진력과 야망의 축복을 풍부하게 받은 것은 사실이다"라는 말로 타고난 야망에 대해 말한다. 그와 동시에 자식에 대해 유난히 기대와 야심이 컸던 어머니의 공을 언급하기도 한다. 이처럼 야망이란 선천적인 면과 후천적인 면을 갖고 있다. 사회 생활 초기부터 스스로 의욕이나 의지를 만들어 내고 유지하는 방법을 익힐 수 있다면 큰 도움이 될 것이다.

나름으로 의욕을 만들어 내는 방법은 다들 몇 가지 정도는 갖고 있을 것이다. 그러나 이를 체계적으로 정리한 경험은 별로 없을 것이다. 평소 어떤 방법으로 의욕을 고취하고 있는가? 삶에 대한 의욕이란 늘 세심하게 살피고 꾸준하게 독려한다는 면에서 다른 재능과 마찬가지로 훈련으로 한 단계씩 끌어올릴 수 있는 것이라 생각한다. 자신을 유심히 관찰하고 어떻게 의욕을 끌어올릴 수 있는지 찾아보라.

**잘하고 싶다는 의욕과 열정이 있으면
노력이 그 뒤를 따를 가능성이 높아진다**

'번쩍' 하는 순간이 있어야 한다

04

펜실베니아 라트로브 시 근방의 영스타운이라는 작은 탄광촌에서 태어나서 마케팅과 세일즈 컨설팅 회사 페라지 그린라이트(ferrazzi Greenlight)를 창설한 CEO 키이스 페라지(Keith Ferrazzi)라는 인물이 있다. 그의 이야기를 보면 가난이 가져다주는 열등감에 젖어 있던 사람이 어떻게 인생을 역전시키고 승리자가 되었는지 알 수 있다.

하버드 경영 대학원에서 까마득히 잊고 있었던 내 어린 시절에 느꼈던 열등감이 고스란히 되살아났다. 그러나 돌이켜보면, 우리 집은 가난하긴 했지만 어머니가 재혼할 때 데려온 형과 누나에 비하면 나는 상당히 대우를 받으며 자란 편이었다. 부모님은 무리하면서까지 나를 부잣집 아이들이 다니는 학교에 집어넣었다. 하교 시간마다 다른 아이들은 리무진이나 BMW 안으로 속속 들어가는데 나는 학교 앞 버스 정류장에서 파란색의 낡은 노바를 끌고 오시는 어머니를 맞아야 했다. 싸구려 차와 낡은 옷과 신발 때문에 언제나 놀림을 당했던 나는 한시도 내 처지를 잊을 수 없었다.

유쾌하지 않은 기억이지만 그러한 경험은 하늘이 내려준 축복이라고 생각한다. 성공하겠다는 결심를 다져 주고 이끌어 준 원동력이기 때문이다. 그때 나는 가진 자와 갖지 못한 자의 차이를 확실히 알게 되었다. 가난하다는 사실에 화가 났고 외톨이가 된 느낌이었다. 하지만 그런 감정들이 내가 누구보다 더 열심히 노력해야 한다는 사실을 일깨워 준 것도 사실이다.

키이스 페라지 · 탈 라즈(Tahl Raz), 『혼자 밥 먹지 말라(Never Eat Alone)』,
pp.15~16

자신이 처한 현실, 미래의 삶을 둘러싸고 자신에 대한 각성이나 자각의 순간이 있어야 한다. 젊은 날 이런 각성의 순간을 가진 사람들은 행운아라고 할 수 있다. 집안의 어려운 형편이 이런 계기를 만들어 주기도 하고, 자신의 상황에 딱 맞는 책의 한 문장이나 대목에서 계기를 만날 수도 있으며, 존경하는 사람들의 이야기를 들으면서 그런 순간을 만날 수도 있다. 성공하는 사람을 마냥 부러워하는 관찰자나 방관자가 아니라 자신이 그 주역이 되겠다고 결심하는, 그런 엄숙한 순간들을 젊은 날 가질 수 있어야 한다. 성공은 남의 일이나 단순히 부러워할 대상이 아니라, 자신의 비즈니스가 되어야 한다.

'10년 법칙'은 자신을 자기 분야에서 획을 긋는 인물로 만들어 가는 일련의 긴 과정과 연결되어 있다. 그렇기 때문에 우유부단하기 쉽고 나태하기 쉬운 인간의 본성을 고려하면 결코 만만한 일은 아니다. 그러나 이런 긴 과정에 들어가기 위해서라도 일단 '각성의 순간'이 있어야 한다. 열망하는 것을 추구하고 손에 넣을 수 있다는 믿음을 인간들이 갖게 된 것은 그리 오래 전이 아니다. 18~19세기의 위대한 정치 혁명과 경제 혁명은 물질적 풍요와 심리적 부담을 동시에 안겨 주었다. 그 이전만 하더라도 사람의 신분은 출생과 연결되어 있어서 태어날 때부터 자신에게 주어진 삶의 수준 그 이상을 넘볼 필요가 없었다. 그러나 이제 신분은 존재하지 않는다. 누구든지 노력하면 무엇이든 추구할 수 있고 이룰 수 있는 힘이 있음을 강조하는 시대다. 이런 면에서 보면 현대인들은 타인과 비교되면서 심적 부담도 겪지만, 자기 힘으로 승부를 걸어 볼 수 있다는 점에서 대단히 예외적인 시대를 살고 있다. 자기 힘으로 가치 있는 것을 만들 수 있다는 점에서 모두 행운이라고 할 수 있을 것이다.

나는 사회 초년생들에게 "단순히 타인을 부러워만 하지 말라"고 말한다. 당신도 그런 자리에 올라설 수 있으며, 그러기 위해서 지금 그리고 앞으로 무엇을 어떻게 해야 할지 생각하라고 말한다. 아무 부족함 없이 성장한 사람은 그렇지 못한 사람에 비해 자각이나 각성의 순간을 갖기가 약간 어려울 것이다. 그러나 불가능한 것은 결코 아니다. 이런 젊은이들에게는 "어떤 인생을 원하는가?"에 대해 생각을 정리해 보기를 권하고 싶다. 타인의 의도와 지시에 따라 이리저리 흔들리는 인생을 원하는가, 아니면 자신이 협상력을 갖고 당당하게 주도하는 인생을 원하는가? 젊을 때는 젊음 그 자체가 커다란 무기이자 힘이다. 부당한 압력이나 지시, 통제에 대해서도 젊음으로 맞설 수 있다. 부당함이 계속되면 그곳을 떠나면 된다. 그러나 나이가 들고, 부양해야 할 가족들이 있고, 특별히 내세울 것을 갖고 있지 않다면, 그때도 타인의 부당함에 맞설 수 있는 용기를 가질 수 있겠는가? 무척 쉽지 않을 것이다. 그럴 때 앞서 살아가는 사람들의 경험이나 현주소를 유심하게 살펴보면 미래를 대비할 수 있는 힘을 얻을 수 있다.

젊은 시절 나도 몇 번의 각성의 순간이 있었다. 학교 시절부터 시작되었던 그 순간은 시간이 흐르면서 조금씩 변했다. 한마디로 "이대로 살 수는 없다"는 결론이었다. 정해진 코스에 따라 살다가 나이를 먹을 때 나는 어떤 모습일까 생각했을 때 위기 의식을 느낀 것이다. 이런 각성의 순간들이 의식 한 편을 장악했고, 이 순간이 강하면 강할수록 행동도 더욱 적극적이 된다. 내가 준비하지 못했을 때 다가올 수밖에 없는 미래상을 직시할수록, 내 미래를 새로운 모습으로 탈바꿈하기 위해 결의를 다지고 더욱 적극적으로 행동할 수 있게 된다.

젊은 날부터 강력한 각성과 자각의 순간들을 경험하려면 어떻게 해야 할까? 자신에 대한 사랑, 즉 자애심(自愛心)을 키워야 한다. 나는 수많은 사람들 중 하나가 아니라, 남과 다른 특별한 존재라는 사실을 당연하게 받아들여야 한다. 또한 자신을 특별한 존재로 만들어

가고 싶은 욕망을 비난하지 말고 더욱 성장시키기 위해 열심히 노력해야 한다. 이런 과정에서 타인과의 차이로 인해 불안을 느낄 수도 있다. 그러나 그런 불안을 당연하게 여겨야 할 뿐 아니라 더 나아가 즐길 수 있어야 한다. 이런 불안감이 없다면 각성이나 자각의 순간을 경험할 가능성도 한층 작아지기 때문이다.

또 자신을 세상의 다양한 경험에 더욱 적극적으로 노출시켜야 한다. 이것은 마음먹기에 따라 얼마든지 할 수 있는 일이다. 마음의 문을 활짝 열고 새로운 경험의 세계에서 각성과 자각의 가능성을 높이면서 몰입하는 사람들이 있는 반면, 새로운 것은 받아들일 수 없다는 완고한 자세로 앉아 있는 사람들도 있다. 강의를 자기 이야기로 받아들이는 사람들의 두뇌에서는 각성과 자각이 분명히 일어날 것이다.

마지막으로 각성과 자각의 순간을 만들고 싶다면 책을 읽어야 한다. 나는 자신을 일깨우기 위해, 끊임없이 작은 자각과 각성을 만들어 내기 위해 책을 읽는다. '그래 맞아', '바로 이거야', '정말 그래' 하고 탄성을 자아내는 대목들이 주는 느낌 하나하나가 작은 울림이며, 자각과 각성이다. 토머스 프리드먼의 최근작을 읽으면서 큰 공감을 느꼈다. 이런 순간들이야말로 작지만 중요한 각성이자 자각이다.

내가 전체적으로 우리 사회를 이렇게 보려는 것은, 모든 사람이 자신을 대체할 수 없는 사람으로 만들 방법을 생각해 두어야 한다고 믿기 때문이다. 바로 그렇다. 세상이 평평해지면 카스트제도는 뒤집힌다. 인도에서 불가촉천민은 가장 낮은 계급이다. 그

러나 평평한 세계에서 모두가 대체할 수 없는 사람이 되어야 한
다. '대체할 수 없는 사람'에 대한 나의 개념 정의는 '그의 일
을 아웃소싱할 수 없는 사람'이라는 뜻이다.

토머스 프리드먼, 『세계는 평평하다(*The World is flat*)』, p.315

감사하게도 내 저서를 통해서 작은 각성의 순간들을 경험하는 사
람들의 이야기를 자주 받는다. IT분야에서 일하면서 소프트웨어 개
발을 주로 하는 이태우 님이 필자의 커뮤니티에 '저서들을 읽고 느
끼는 마음가짐'이라는 제목으로 글을 올렸다. 당신도 타인의 경험을
책으로 가능한 많이 접하라.

안녕하세요. 커뮤니티에 박사님의 저서 『한국, 번영의 길』과 『성
찰』의 서평을 썼던 이태우입니다. 건강하시죠? 박사님의 저서
를 읽고 제 자신의 마음가짐이 많이 달라져서 글을 남기고 싶었
습니다.
제게 가장 영향력을 많이 준 책은 『성찰』입니다. 저는 그 책의
소제목인 '인생의 목표를 정리하라'는 부분을 읽고 '존 고다
드'처럼 101가지의 목표를 문장으로 정리했습니다. 이렇게 정
리한 목표를 프린트해서 자주 보려고 노력하고 있습니다.
그 다음으로 영향력을 준 책은 『SELF MANAGEMENT : How
to-Book』입니다. 서점에서 서서 단숨에 읽었습니다. 이 책에서
'자기 사명서(Mission Statement)'를 작성했던 글을 보고 감동
을 받았습니다. 또한 서문에서 박사님이 경쟁 상대를 미국의

'톰 피터스', 영국의 '찰스 핸디', 프랑스의 '자크 아탈리', 일본의 '오마에 겐이치'로 정한 것을 읽고 놀랐습니다. 저도 나름으로 경쟁 상대를 정해서 그들보다 더 열심히 살아야겠다는 생각을 갖게 되었습니다.

저는 『성찰』을 읽고 인생 목표 목록을 정리했습니다. 거기에는 '40살 이전에 1인 기업가가 된다'는 항목이 있습니다. 무엇을 언제 어떻게 해야 할지 조언을 부탁드립니다. 이 글을 보시는 모든 분들이 조언을 주시면 좋겠습니다.

얼마 전 'KBS특강'에서 박사님의 강연 중 가장 기억에 남는 말은 "분야를 초월해서 고객을 더 빨리 만족시키고, 고객을 더 많이 만족시키고, 고객을 더 잘 만족시키면 된다"였습니다.

이제 제 나이 서른입니다. 무엇보다도 주력 상품을 만드는 일에 주력해야겠지요. 시장을 읽고 고객의 욕구를 만족시킬 만한 특별한 종류의 지식을 만들어야 한다는 생각도 듭니다. 제 짧은 생각보다 박사님의 조언을 듣고 싶습니다.

바쁜 일정 가운데서도 항상 활력이 넘치시길 바랍니다. 수고하십시오.

10년 법칙은 자신을 자기 분야에서 획을 긋는
인물로 만들어 가는 일련의 긴 과정과 연결되어 있다

안정은 신기루다

05

어느 시대에나 딱 꼬집어서 이야기를 할 수는 없지만 지배적인 분위기가 있다. 요즘처럼 직장을 구하기 어렵고, 설령 구하더라도 미래를 예측하기 어려운 상황에서 '그래도 공직이 최고'라고 생각하는 사람들이 많다. 오늘날 한국 사회의 분위기는 현상유지 내지 안정이 지배하고 있다. 분위기도 개인이 가진 습관처럼 강력한 관성(inertia)이 있다. 일단 한 번 자리를 잡고 나면 대세를 뒤집기 힘들다.

시대의 분위기에 관계없이 나름의 뚜렷한 소신을 갖고 사는 사람들도 있지만 대부분은 주변 분위기에 영향을 받을 수밖에 없다. 자연히 개인의 진로나 직업 선택처럼 선택의 파급효과가 1~2년에 그치지 않을 경우에도 지나치게 안정이나 현상유지 쪽에 무게 중심이 쏠리는 경향이 있다. 특별한 노력을 하지 않는 한 일반인들이 긴 안목을 갖고 시대의 분위기에 초연하게 의사결정을 하기란 쉽지 않다.

직장 초년생은 확고한 자기 생각을 갖기가 어렵다. 직장 역시 시대의 분위기에 영향을 받을 수밖에 없고, 임직원들 역시 그런 영향 속에서 미래와 관련된 의사결정을 내리게 될 가능성이 높다. 그렇기 때문에 처음에 몸담는 직장은 그 사람의 인생에 큰 의미를 갖고 있다. 만약 직장 특성상 변화가 빠르거나, 경쟁이 치열하거나, 성과에 대한 평가와 차별화된 보상이 제대로 이루어지는 시스템이나 기업 문화가 자리 잡고 있다면, 심신은 다소 피곤할지 모르지만 장기적으로 도움이 되는 환경이다. 그러나 변화의 속도가 느리고, 경쟁은 없이 근무 햇수에 비례해서 승진이나 보상이 이루어지는 조직에서 일하고 있다면 각별한 주의와 노력이 필요하다.

사실 안정이나 현상유지 같은 것은 존재하지 않는다. 다만 사람들이 그렇게 믿고 싶을 뿐이다. 직업 세계에서 사는 사람들은 혼자 사는 것이 아니라 끊임없이 환경과 자신 사이에 상호 관계 속에서 산다. 환경은 지금 이 순간에도 시시각각 변하고 있다. 어제의 환경과 오늘의 환경은 다르다. 1시간 전의 환경과 지금의 환경이 다르다. 안정이나 현상유지에 과도하게 집착하는 사람들은 그런 변화를 받아들이려 하지 않는다. 그러나 자신을 환경의 변화 속에서 항상 재해석하는 지혜를 가져야 한다. 재해석 능력을 상실하거나, 설령 능력이 있더라도 행동으로 실천하지 못한다면 변화에 뒤떨어진 사람으로 결국 도태되고 말 것이다.

세상살이에는 거저는 없다. 시점이 문제일 뿐 자기 선택에 대해서 반드시 비용을 치르게 된다. 직장을 구할 때나 직업 세계의 초기 활동에서 지나치게 안정만 믿고 행동하면 오히려 더 위험해질 가능성이 높다. 인생은 생각보다 길기 때문이다.

'안정'을 어떻게 생각하느냐도 결국 개인의 선택에 달려 있다. 나처럼 '안정은 신기루다', '안정은 일종의 착각이자 착시일 뿐이다'라고 믿는 사람들은 환경 변화에 적극적으로 적응해 나가거나, 한 걸음 나아가 환경 변화에 앞서 스스로 변화를 주도해야 한다고 믿는다. '안정은 가능한 일이다', '안정은 가장 중요하다'라고 믿는 사람은 그에 맞는 행동을 선택하고 안주할 것이다.

미래는 지금보다 훨씬 역동적인 시대가 될 것이다. 조직이든 개인이든 흥하고 망하는 일이 일상적인 상황이 될 것이다. 이런 시대를 사는 사람들에게 안정이나 현상유지라는 단어는 정말 위험하지 않을 수 없다. 특히 사회 초년생들이 안정에 지나치게 비중을 두는 것은 후일을 생각하면 문제가 있다. 그들은 긴 인생을 통해서 수없이 많은 해일을 경험할 것이다. 든든한 구명정과 헤엄치는 방법을 익히지 못한 사람들은 거친 파도 속으로 떠밀려 들어가고 말 것이다.

자기 자신 외에 어느 누구도 나를 제대로 도와줄 수 없다. 훌륭한 동료나 선후배도 결국은 타인일 뿐이다. 격변하는 사회 속에서 능력을 입증해 보이고, 직업인으로서 가치 있다는 사실을 보여야 하는 사람은 결국 자기 자신일 뿐이다.

나는 앞으로 얼마나 큰 해일이 나의 직업 세계를 뒤덮을지는 알 수 없다. 다만 그런 해일이 쉼 없이 찾아오리라는 사실을 받아들일 뿐이다. 그래서 육체적으로 건강할 때 더 열심히 미래를 준비하는 프로젝트를 게을리 하지 않으려 한다. 나보다 훨씬 더 긴 시간을 가진 사람들은 파도와 싸우는 항해자처럼 위험을 맞설 수 있는 용기를 가져야 한다. 그 속에서 자신을 일으켜 세우려면 무엇을 어떻게 해야 하는지 찾아내야 한다.

직장 초년생은 자신을 특별한 사람으로 계속 업그레이드해 나가야 한다. 누구도 자신을 대체할 수 없는 명품 인재로 만들어 가야 한다. 그러기 위해서는 무엇보다도 "내 사전에 안정은 없다"는 신념을 구체적인 행위로 옮겨야 한다. 무슨 일을 하더라도, 무엇을 배우고 관찰하더라도, 시도해 보지 않은 방법을 실천에 옮길 수 있을 만큼 용감해져야 한다. 치명적이지 않은 실패라도 기꺼이 받아들이면서 더 나은 상태를 향해 부지런히 몸과 마음을 움직여야 한다.

직업 세계에 머무는 사람은 돈이나 승진, 명성 등을 추구한다. 이것은 복잡한 미로를 이리 저리 다니면서 숨겨진 '치즈'를 찾는 게임에 비유할 수도 있다. 여기서 치즈는 우리가 추구하는 것들을 의미한다. 메이슨 브라운(mason Brown)은 『누가 내 치즈를 잘랐을까(Who cut the cheese)?』라는 책을 통해서 변화, 안정, 적응이라는 세 가지 키워드 사이의 상호관계를 흥미 있게 묘사한다. 두 명의 꼬마(휘프, 디치)와 두 명의 생쥐(코버, 더크)가 참여하는 미로에서 치즈찾기 게임은 직업 세계에서 우리가 당면하고 있는 문제와 똑같다.

어느 날 그들은 치즈 덩어리로 가득 차 있는 치즈 창고를 발견한다. 천신만고 끝에 찾아낸 치즈 창고에서 그들이 보이는 행동은 추구하던 조그만 목표를 달성한 이후에 보통 사람들이 보이는 행동과 똑같다. 마치 치즈가 영원히 존재하기라도 하는 것처럼 행동한다. 그러나 어느 날 치즈는 완전히 사라져 버린다.

> 다른 날과 마찬가지로 생쥐들은 아침 일찍 치즈 창고 D에 도착했다. 그런데 이게 웬일인가. 치즈가 사라진 것이다. 예상하고 있었던 일이 벌어진 것이다. 생쥐들은 몇 주 전부터 치즈의 공급이 줄어들고 있을 뿐만 아니라 치즈 창고가 온통 악취로 가득 차 있다는 것을 알았다. 그들은 안도의 한숨을 쉬었다. 이제 치즈 썩는 냄새를 더 이상 맡지 않아도 되었다. 치즈가 모두 사라졌기 때문에, 그들은 이제 이 방에 올 필요가 없었다.
>
> 메이슨 브라운, 『누가 내 치즈를 잘랐을까?』, p.48

조그만 성취라도 하게 되면 대부분의 사람들은 비슷한 행동을 보인다. 그 성취가 오래도록 자신에게 혜택을 가져다줄 것이라고 생각하며 아무 변화도 일어나지 않을 거라고 믿는다. 성취한 그 순간부터 성취는 이미 과거의 일이 되어 버리는데도 사람들은 그걸 받아들이려 하지 않는다. 두 꼬마 중 변화를 싫어하고 현상유지만 바라는 허크의 절규는 우리에게 교훈을 전해 주고 있다.

> 치즈로 가득 차 있던 방이 텅 비어 버리자 허크는 당황스러웠다. 자신의 부모가 더는 어떤 지원도 해 주지 않으리라는 사실

을 깨달은 대학 졸업생처럼, 더크는 비명을 질렀다.

"내 치즈! 내 치즈! 내 사랑하는 치즈! 오, 이렇게 이런 일이? 오 하느님! 왜 이렇게 되었나요?"

두 꼬마 인간은 몹시 의기소침했다. 치즈가 영원히 존재할 것이라고 생각했던 두 사람은 이미 장기적인 계획을 세워 두었다. 더크는 뛰어난 치즈 조각가가 되기 위해 얼마 전부터 온라인 통신 강좌를 수강했다. 코버는 온라인 상에서 치즈 조각을 판매할 계획을 가지고 있었다. 그런데 이제 모든 것이 사라져 버렸다.

메이슨 브라운, 『누가 내 치즈를 잘랐을까?』, pp.51~55

살아가면서 더크와 같은 상황에 자신을 밀어 넣지 말라. 어느 누구에게도 도움을 청할 수 없는 딱한 상황을 스스로 만들지 말라. 지금 갖고 있는 것은 언제라도 없어져 버릴 수 있다는 사실을 당연하게 여기라. 모든 미래 준비는 그런 마음 상태에서 출발한다.

직업인으로서 가치 있다는 사실을 보여야 하는 사람은
결국 자기 자신이다

차이를 만들어 내라

'10년 법칙'이 추구하는 목표는 자신이 특정 분야와 관련해서 경쟁자들과 얼마나 차별화될 수 있느냐이다. 앞으로 차별화의 중요성은 더욱 커질 것이다. 뚜렷하게 자신만의 차별성을 가질 수 있다면 자본의 소유 여부에 관계없이 성공적인 삶을 살 수 있다. 그러나 별다른 차이점을 만들 수 없다면 불안정하고 황량한 상황에 처하게 될 가능성은 한층 높아진다. 또 타인의 의지나 의도에 따라 휘둘리기 쉽다.

직업인으로서 절대로, 절대로 평범해져서는 안 된다. 이것이야말로 입사 이후 10년을 보내는 사람들이 가슴에 새겨야 할 구호다. 당신이 하는 일이 누구나 할 수 있는 일이라면 대응책을 마련하라. 입사하고 나서 얼마 되지 않은 시점이라면 당신이 하는 일은 누구라도 대체할 수 있다. 그것은 전혀 이상하지 않다. 그러나 시간이 1–2년 지나면서 다른 사람들이 할 수 없는 차이를 만들어 내지 못하면 빠르게 위험에 처해질 것이다. 직장 초년생은 노동의 먹이사슬이라는 관점에서 보면 맨 밑 부분에 해당한다. 남이 지시하는 것을 처리하고 온갖 잡다한 일들을 처리하는 사람은 언제나 해고될 가능성이 있다. 더 젊고 더 싼 사람들이 인력시장에 줄을 서서 기다리고 있다. 여차하면 조직은 당신의 일을 외주로 줘 버릴 수도 있다. 그러니 이렇게 자문해 보라. '경영자는 내가 하고 있는 일을 얼마나 외주로 줄 수 있을까?' '조직이 도저히 아웃소싱할 수 없을 정도의 기능을 내가 할 수 있으려면 무엇을 어떻게 해야 하는가?'

토머스 프리드먼의 친구인 빌 그리어는 26년간 프리랜서 예술가 겸 그래픽 디자이너로 살고 있다. 1970년대부터 2000년대까지 그의 작업 방식은 거의 변하지 않았다고 한다. 하지만 IT혁명이 디자인이나 그래픽 분야에 영향을 미치지 시작하는 지난 몇 년 사이에 자신이 해 왔던 작업에 위협을 받기 시작한다. 더욱이 쿼크(Quark), 포토샵(Photoshop), 일러스트레이터(Illustrator)로 구성된 소프트웨어들은 그가 수십 년 동안 해 왔던 업무를 더 빠르고 더 쉽고 더 저렴하게 할 수 있도록 만들어 버린다. 그가 애지중지했던 주력 상품이 흔하디 흔한 범용 상품으로 전락하고 만 것이다.

"디자인의 기술 발달로 이제 누구나 어지간한 작업은 할 수 있게 된 거지. 제대로 된 작품을 만들려면 나름으로 안목이 있어야 했는데, 갑자기 누구나 웬만한 작품은 만들 수 있게 되어 버렸어."

정도의 차이는 있겠지만 이런 변화는 직업 세계에서 늘 있는 일이다. 정보통신혁명이 본격화되고 유통되는 정보의 양과 속도가 급증하면서 직업 세계에 커다란 영향을 미치고 있기 때문이다. 빌 그리어는 변화의 실상을 정확히 이해하고 적극적으로 대안을 찾아 실천에 옮긴다. 대안이란 노동 가치사슬에서 어느새 하위에 놓이게 된 자기 일을 상위로 이동시키는 것이다. 빌은 펜과 잉크를 사용해서 그림 그리는 전통적인 그래픽 디자인을 탈피해, 아이디어를 판매하는 일로 자신의 직업 자체를 바꾼다.

내가 의식적으로 변한 것은 아냐. 다른 사람이 할 수 없는 일을 찾았던 거지. 젊은 친구들은 내가 받던 급여 몇분의 일 정도를 받고는 컴퓨터 기술을 이용해서 이 일을 하더라고. 그래서 그저 '아이디어만 주시오'라는 식의 제의를 받아들이기 시작했지. 그들이 원하는 건 완성품이 아니라 단지 스케치와 아이디어야. 나는 여전히 기초적인 것은 손으로 그리는데, 내가 주는 건 단지 아이디어일 뿐이야. 완성품이 아닌 재빨리 그린 스케치 말이야. 고객이 내게 상당히 높은 보수를 주는 건 그 아이디어 때문이지. 이제까지와는 다른 차원의 일을 하는 사람이 된 거야. 그저 그런 미술가가 아닌 컨설턴트가 된 셈이지. 그저 그런 미술가는 널려 있어. 이제 나는 아이디어를 파는 사람이고 그게 내 일이야. 내 고객들은 말 그대로 컨셉을 사는 것뿐이야.

토머스 프리드먼, 「세계는 평평하다」, p.321

만일 빌 그리어가 변화를 거부하고 오랫동안 했던 익숙한 일에 머물렀다면 무슨 일이 일어났을까? 그의 벌이는 형편없이 추락했을 것이다. 그저 그런 일에 대한 시장가격은 계속 낮아질 것이기 때문이다. 장기적으로 그는 생계를 꾸려갈 수 없을 정도의 상황에 처할 수도 있을 것이다. 그보다 더 싼 가격에, 더 빠르게, 더 효율적으로 전통적인 디자인 업무를 수행할 수 있는 젊고 유능한 사람들이 시장에서 줄을 서서 기다리고 있기 때문이다. 빌 그리어는 그림 그리기가 아닌 아이디어 창출을 선택했고 변신에 성공했다.

기업이든 개인이든 가치사슬에서 더 높은 위치를 차지하려면 계속 변해야 한다. 값싼 중국산이 시장을 공략하면 공장을 중국으로 옮기던지, 아니면 그 사업을 접든지, 더 부가가치를 만들 수 있는 상품을 새로 개발하든지, 이 셋 중에 하나를 선택해야 한다. 기업에게 이런 일은 흔하게 일어난다. 개인도 마찬가지 상황에 처해 있다고 볼 수 있다. 자신의 주력 상품이나 서비스가 본인의 의지와는 관계없이 지속적으로 대체 가능한 상품으로 바뀌어 간다는 사실을 받아들이라. 이를 타개하려면 가치사슬의 더 높은 단계로 나아가야 한다.

90년대 초반, 내가 직업 세계에 뛰어들었을 때만 하더라도 변화는 심하지 않았고 고용관계도 장기적인 관계를 유지하던 시절이었다. 그러나 나는 시대의 변화를 정확하게 읽고 있었다. 지식의 사다리에서 위를 향해 빠르게 움직이지 않는다면 정말 별 볼일 없는 인생을 살아갈 수밖에 없다는 냉엄한 현실을 직시했다. 그래서 직장 초년생일 때는 늘 '어떻게 하면 남들이 할 수 없는 일을 할 수 있을까?' 무던히 노력했다. 내가 찾아낸 해답은 두뇌에서 지속적으로 컨텐츠를 생산해 내는 능력을 소유하는 것이었다. 그럴 수 있다면 오래 오래 가치사슬의 상층부에 남을 수 있다고 생각했다. 시장에는 늘 젊은 이코노미스트들이 들어오고, 이들은 컴퓨터와 어학으로 무장하고 자기 분야에서는 괄목할 만한 성장을 기록할 것이라고 전망했다. 그들과 직접 경쟁하는 분야에서 계속 머물러 있다면, 입지가 축소되면서 수세에 몰리게 되리라고 정확하게 판단한 것이다.

지금도 내 생활에서 차별화라는 단어는 중요한 위치를 차지하고 있다. 이미 시장은 글로벌 시장으로 편입되고 말았다. 그렇다면 긴장의 끈을 놓을 수 없다. 입사 초년부터 고민해야 할 과제는 내가 이제껏 해 왔고 지금도 하고 있는 일, 즉 '자신을 차별화할 수 있는 것'을 찾는 작업이다. 이 프로젝트의 성공 여부는 중장기적으로 직업인으로의 당신 운명에 결정적인 영향을 미칠 것이다.

10년 법칙이 추구하는 목표는
자기 분야에서 경쟁자과 얼마나 차별화될 수 있느냐이다

재능 위에 노력을 더하라

07

직업 세계에서 비교적 이른 시기부터 자신이 무엇을 잘할 수 있는지 찾아내는 사람들은 대단한 행운아다. 지금 우리가 관심 있어 하는 '10년 법칙'은 재능에 대해 그다지 큰 비중을 두지 않는다. '10년 법칙'을 제시한 에릭슨은 전문가로서 입신하는 데는 재능이란 거의 중요하지 않다고 말하기도 한다. 그는 지나치다 싶을 만큼 '정교한 훈련'을 중요하게 여긴다. 그러나 내 의견은 약간 다르다. 심오한 학문적인 성과를 동원하지 않더라도, 주변에서 관찰할 수 있는 사람들을 통해서 에릭슨의 주장이 가진 오류를 지적할 수 있다.

아무리 노력하더라도 자기 재능과 완전히 동떨어진 분야에서 성과를 거두기는 힘들다. 훈련을 통해서 재능이 없는 분야를 어느 정도까지는 끌어올릴 수 있을지 몰라도, 전문가로서 최고 수준에 오르기는 어렵다고 생각한다. 인간은 다양하고 재능도 마찬가지다. 두뇌 연구가인 리처드 레스탁은 재능의 중요성을 무시할 수 없다고 말한다.

평범한 재능을 가진 사람이 열심히 연습만 하면 최고가 될 수 있을까? 에릭슨처럼 이 분야의 전문가들을 인터뷰하고 오랫동안 연구한 결과, 나는 집중적이고 강도 높은 연습이 우수한 성과를 이끌어내기는 하지만, 유전적인 요소를 배제하는 주장에는 전적으로 동의할 수 없다. 가장 대표적인 예가 토마스 에디슨이다. 강도 높게 집중하고 연습하면 대부분의 사람들이 우수한 성과를 거둘 수 있는 반면, '최고(being the best)'와 '최고에 가까운 사람(being almost the best)'을 구분하는 중요한 1퍼센트의 요소가 여전히 남아 있다.

21세기의 뇌 과학도 천재나 탁월한 능력을 발휘하는 사람의 비밀을 완전히 파헤치거나 설명할 수는 없을 것이다. 그러나 선천적인 재능과 후천적인 노력이 정확히 어느 정도의 비율을 차지하든, 우수한 성과는 궁극적으로 뇌의 적응성을 기초로 하고 있다는 사실만큼은 분명하다. 이로 인해 간단하고 쉽게 적용할 수 있는 법칙이 탄생한다. 성공하고 싶은 분야를 먼저 찾은 다음, 두뇌 회로가 완전히 재구성되도록 열심히 노력해야 한다는 것이다.

Richard Restak, *The New Brain*, Rodale, 2003, pp.27~28

나는 리처드 레스탁의 의견에 상당 부분 동의한다. 어느 정도까지 성공하기 위해서는 재능이 결정적인 요소가 아닐 수 있지만, 레스탁의 지적처럼 '최고에 가까운 사람'이 아니라 '최고'가 되려면 재능이 중요한 역할을 담당한다. 물론 정교한 훈련을 빼놓고는 생각할 수는 없다. 그렇기 때문에 다시금 리처드 레스탁의 조언을 강조하고 싶다.

성공하고 싶은 분야를 먼저 찾은 다음, 두뇌 회로가 완전히 재구성되도록 열심히 노력하라.

나는 재기가 넘치거나 영민한 사람은 아니다. 오히려 순발력이 떨어진다는 느낌을 가질 때가 많다. 기업 관련 연구소에 있을 때, 대기업의 CEO를 곁에서 보좌하는 핵심 측근들을 관심 있게 지켜보았다. 수시로 변하는 상황에서 상사의 의중을 정확하게 읽는 능력이 놀라웠고, 상황마다 상사가 원하는 정보를 즉시 제공하는 순발력에 탄성이 나올 때가 많았다. '어쩜 저렇게 재빠르게 행동할 수 있을까?' '저런 능력은 후천적으로 닦은 능력일까, 아니면 선천적으로 타고난 능력일까?' 어느 정도는 타고나야 하지 않을까 하는 생각이 들었다.

그럴 때면 나는 내 자신을 되돌아보았다. 물론 지금도 마찬가지다. 타인의 행동이나 경험을 보면서 나 자신이 타고난 재능에 대해 생각해 본다. 그러나 한 분야의 순발력이 부족하다고 해서 모든 면에서 순발력이 부족한 것은 아니다. 내가 하고 있는 분야와 관련해서 기회를 읽어 내는 능력은 이따금 자신이 생각할 때도 '정말 대단한

데' 라는 탄성을 할 정도로 민첩하게 움직인다. 일례로 강연장에서 청중들의 반응을 읽거나 참석자들의 요구를 파악하는 능력은 시간이 갈수록 점점 증대되고 있다는 느낌을 받을 때가 많다. 이것을 모두 후천적인 훈련 탓으로 돌리기에는 어렵다고 생각한다.

이런 경험을 할 때마다 나는 사람은 저마다 타고난 재능이 다르다는 가설을 머리 속에 떠올리게 된다. 아마 내가 기업 경영자나 공직자를 보좌하는 일을 했다면 큰 성취를 이루기는 힘들었을 것이다. 재능 위에서 이루어지는 일과 보통의 재능 위에서 이루어지는 일 사이에는 큰 차이가 있다.

이처럼 나는 자신을 주의 깊게 관찰하는 습관을 갖고 있다. 이런 습관은 내가 어떤 분야에 재능이 있는지 찾아내는 데 중요한 역할을 담당했으며, 지금도 그런 역할을 충실히 수행하고 있다. 주위를 주의 깊게 살펴보는 습관뿐 아니라 자기 자신을 유심히 보는 습관은 '10년 법칙'에서 매우 중요한 역할을 수행하는 부분이다.

'10년 법칙'에서도 10년이란 세월이 절대적인 것은 아니다. 얼마든지 그 시간을 줄일 수 있다. 시간을 단축할 수 있는 요소 중 하나는 재능 위에 자기 직업을 구축하는 것이다. 재능을 찾아내는 일은 전문가로 입신하는 과정에서 대단히 중요한 부분이다. 여러 방법들이 제시되고 있지만 자신을 관찰하는 습관이나 능력이 가져다 주는 이점을 놓쳐서는 안 된다.

"그래 바로 이거야!"라는 깨달음은 어느 날 갑자기 생겨나는 것이 아니다. 작은 질문이라도 해답을 계속 찾아낼 수 있어야 한다. 퍼즐을 맞추어 가듯 이런 작은 발견들을 하나씩 이루면서 선택 가능 영역을 조금씩 좁혀 갈 수 있다. 누군가 내게 "입사 이후 10년 동안 한 일 중 가장 자랑하고 싶은 것은 무엇인가?"라고 묻는다면, 나는 서슴지 않고 "내가 잘할 수 있는 일을 하나씩 발견해 온 것"이라고 대답할 것이다. 이 모든 과정은 특정 시점에 이루어진 것이 아니다. 땅 속에 묻힌 귀한 고고학적 자료를 찾아가는 것만큼 지금도 찾을 수 있다. 이처럼 인생이란 열심히 살아 볼 만한 가치가 있다.

각자의 재능이 천차만별인 것처럼 직업 세계의 이른 시점에 자기 재능을 발견하는 것은 대단한 일이다. 그러나 모든 사람에게서 이런 행운을 기대하기는 힘들다. 그렇다면 '10년 법칙'을 실천에 옮기는 초기에 자기 재능을 찾아내는 일은 매우 중요하다. 재능이란 눈에 보이지 않는 것이며 이를 찾아내는 다양한 방법들이 개발되어 있지만 역시 보조적인 수단일 뿐이다. 재능을 찾아내는 것 역시 개발해 내려고 하는 사람이 중요한 역할을 맡는다.

10년 법칙의 시간을 줄일 수 있는 비결은
자기 재능을 찾고 그 위에 직업을 구축하는 것이다

전부를 걸어라

08

두뇌연구가 리처드 레스탁은 삶을 순차적으로 바라보라고 한다. 잘할 수 있는 분야를 찾은 다음 거기에 노력을 집중하라는 뜻이다. 그러나 나는 이 일이 가능하다고 생각하지 않는다. 노력을 집중하지 않는 한 잘할 수 있는 분야를 찾아낼 수 있는 가능성은 거의 없다. 그러므로 이 두 가지는 순차적이 아니라 동시에 진행되어야 하는 작업이다. 굳이 그 순서를 말해야 한다면 우선 열심히 해야만 잘하는 분야를 찾아낼 수 있는 것이 정답에 가깝다. 열심이 없으면 자신이 무엇을 잘할 수 있는지 찾아내기란 엄청난 행운이 없으면 불가능하다. 자신이 잘하는 분야를 찾아내는 과정은 일종의 '자신을 찾아 떠나는 여행'에 비유할 수 있다.

여기서 열심이란 '거의 전부를 건다'고 표현할 수 있을 만큼 노력에 노력을 더해야 한다는 의미다. 그렇다면 무엇을 열심히 해야 하는 가? 이미 자신이 무엇을 해야 하는지 알고 있다면 열심히 해야 할 대 상을 고민할 필요가 없다. 그러나 무엇을 열심히 해야 하는지 모르는 상태라면 '열심히 하라'는 조언이 다소 당혹스러운 요구일 수도 있을 것이다.

인터넷 커뮤니티에 한 독자가 '나만의 지식은 어떤 것인가요?'라 는 제목으로 문의를 했다. 글의 내용으로 미루어 보아 30대의 직장인 인 듯했다.

안녕하세요. 문제가 있거나 새로운 방향을 찾을 때마다 선생님 글을 찾게 되는 독자입니다.

한해 마무리 시기, 꼭 이맘때면 들려오는 조직 구조 개편 바 람···. 목표와 실천 계획을 두고 열심히 살고 있다고 생각하지 만, 가끔씩 불안합니다.

큰 백지 한 장 펼쳐 놓고 10년 후를 그려 보고 있습니다. 막연히 지식 쌓기를 계획하고 있었다는 생각이 듭니다. 체계적이고 조 직적이지 않았다는 생각도 듭니다. 그러다 근본적인 질문을 하 게 되었습니다. '과연 내가 쌓아 나가야 할 지식은 어떤 것이어 야 하는가? 업무 관련 지식? 외국어 능력?'

질문이 막연하지만 선생님의 조언을 듣고 싶습니다.

많이 춥습니다. 늘 건강하세요.

여기서 '나만의 지식'은 앞에서도 이야기했던 '자신의 주력 상품'을 말한다. 이것은 '앞으로 내가 어떤 분야를 개척해 나가야 하는가' 라는 질문의 답이 될 수 있으며, 한 걸음 더 나아가 개척해 나가야 하는 분야와 자신이 판단하기에 재능이 있는 분야와 일치할 수 있다면 이상적이다. 앞의 독자는 체계적이고 조직적이지 않은 지식 쌓기에 대한 고민을 말하고 있다. 처음부터 체계적이고 조직적일 수는 없지만 시간이 가면서 집중해야 할 분야를 좁혀 갈 수는 있어야 한다.

이상적인 상태는, 입사 이후 10년 안에 자기 분야를 찾아내는 일이다. 나아가 10년이 되기 훨씬 이른 시기에 자신이 집중해야 할 분야를 찾아낼 수 있다면 대단한 성공이라 할 수 있다. '무엇을 해야 하는가' 의 해답을 찾으려면 '나의 재능이 무엇인가' 의 해답을 먼저 찾는 것이 도움이 될 것이다. 하버드 대학 교육심리학과 교수인 하워드 가드너는 독창적인 이론 다중지능 이론을 주장한다. 인간은 IQ처럼 하나의 지능을 갖고 있는 것이 아니라 언어지능, 음악지능, 논리수학지능, 공간지능, 신체운동지능, 인간친화지능, 자기성찰지능, 자연친화지능 등 8가지를 골고루 갖고 있으며, 인간의 소질이나 적성, 강점이나 능력은 8가지 지능 가운데서 정도의 차이가 난다는 점이다.

한 사람 속에는 이 여덟 가지 다중지능이 모두 존재하지만 각 지능의 수준은 차이가 있다. 색깔로 치자면 다중지능은 여덟 가지 상호 구분되는 색깔을 띠는데 색의 밝기가 사람마다 다르다는 말이다. 누구에게나 여덟 가지 지능이 나름의 모습으로 잠재하지만, 이것이 얼마나 현실적인 능력으로 전환되는지는 각 개인의 노력에 달려 있다. 역사상 위인들은 자신이 가장 뛰어난 분야의 다중지능 계발에 성공한 사람들이라 할 수 있다.

문용린, 「지력혁명」, p.29

삶이 가르쳐 주는 불변 법칙은 쉽사리 드러나지 않는다는 점이다. 최선을 다한다, 혹은 전부를 건다는 것이 몸에 완전히 배어 있도록 해야 한다. 언제, 어디서 자신의 재능(다중지능 이론에서 본 지능 혹은 그것을 더욱 세분화한 것)을 확인할 수 있는 기회가 생겨날지 알 수 없기 때문이다. 아주 사소한 일을 하다가도 '내게 이런 재능이 있구나' 하는 깨달음의 순간을 가질 수도 있다. 죽음의 순간을 알 수 없는 것처럼 재능을 확인하는 과정 역시 사전에 예고되는 일은 거의 없다. 마치 벽돌을 쌓아 가듯이 자신에게 주어진 모든 일들을 성심성의껏 처리해야 한다. 주어진 일을 열심히 하는 수준에만 그쳐서는 안 된다. 스스로 일을 찾아나서야 한다. 재능이란 당장 실수나 실패처럼 보이는 도전에서 많은 부분을 확인할 수 있다. 연구 개발을 담당하는 사람들이 무수한 신제품이나 기술을 실험하던 끝에 멋진 상품이나 기술을 찾아내는 것처럼, 시행착오를 무릅쓰고 이런 저런 시도를 계속해 보는 과정에서 자연스럽게 재능을 찾아내는 일이 이루어진다.

재능을 확인하는 과정에서 왕도는 없는 것 같다. 운도 따라 주면 좋지만 일단은 열심히 해야 하고 용감해야 한다. 주저하거나 소심하면 재능을 테스트할 수 있는 기회를 갖기 어렵다. 높이 나는 새가 멀리 볼 수 있듯이, 여러 시도를 성심성의껏 가능한 넓게 시도하는 사람들만이 자신의 숨겨진 재능을 찾아낼 수 있다. 재능을 확인할 수 있다면 자연스럽게 지금 하고 있는 직업과 연결고리를 찾고 자신이 몸담고 있는 분야나 다른 분야에서 앞으로 어떻게 업무 영역을 확장해 나갈 것인지 점검할 수 있다.

한편 나와는 같은 맥락이지만 조금 다르게 열심히 일하는 것에 의미를 부여하는 사람은 교세라 그룹의 이나모리 가즈오 회장이다.

라틴어에 '일의 완성보다 일하는 사람의 완성'이라는 말이 있다. 인격의 완성 역시 일을 통하여 이루어진다고 할 수 있다. 소위 철학은 열심히 흘린 땀에서부터 생겨나며, 마음은 일상의 노동을 통해 연마된다. 자신이 해야 할 일에 몰두하고 골몰하며 노력하는 행위는 주어진 오늘이라는 하루, 지금이라는 한 순간을 소중히 여기며 사는 것과 같다.

나는 종종 사원들에게 하루하루를 '정말 성실하게' 살라고 말한다. 한 번뿐인 인생을 의미 없이 보내지 말고 '정말'이라는 수식어가 붙을 수 있을 만큼 성실하게 살도록 충고한다. 그렇게 우직하다 싶을 만큼 삶을 지속하면 평범한 인물도 비범한 인물로 바뀐다.

자기 분야에서 최고를 자랑하는 '명인'이라는 사람들도 분명 그러한 과정을 거쳤으리라고 확신한다. 노동은 단순한 경제적 가치를 낳는 행위일 뿐만 아니라, 인간으로서 가치를 높여 주는 일이기도 하다. 굳이 속세를 떠나지 않더라도 일하는 현장 바로 그곳이 정신수양을 할 수 있는 장이며, 일하는 것 자체가 수행이다. 하루하루에 충실함으로써 고매한 인격을 가질 수 있고, 더불어 훌륭한 인생도 누릴 수도 있다.

이나모리 회장은 갈고 닦음으로 인격적인 완성도를 높이는 것에 비중을 둔다면, 나는 그 과정에서 직업인으로 자기 인생이라는 구축물을 어디에 세울지 발견하고 그 토대를 구축하는 과정으로 이해한다. 어느 누구도 당신이 이런 재능을 갖고 있는 사람이라고 가르쳐 줄 수는 없다. 스스로 그것을 발견해 내야 하고, 발견해 내기 위해서 강한 기업가 정신을 갖고 자기 일을 열심히 해야 한다. 그뿐 아니라 누가 맡기지 않은 일이라도 서슴지 말고 도전해 보는 용기와 결단력을 갖추어야 한다.

입사 이후 10년 안에 자신이 집중해야 할 분야를
찾아낸다는 것은 커다란 성공이다

물질 그 이상을 추구하라

"저는 그저 평범한 사람입니다" 혹은 "저는 그저 소시민입니다"라는 표현을 자주 사용하는 사람들이 있다. '말이 씨가 된다'는 속담도 있듯이, 그런 말을 자주 사용하는 것은 자기 삶을 평범한 인생으로 정의하고 있는 것이다. 스스로 삶을 이렇게 정의한다면 미래도 그 수준에 머물고 말 것이다.

무슨 일을 하든지 이왕 한다면 최고가 되기로 결심하라. 어느 누구도 넘볼 수 없는 수준까지 도달하는 것을 목표로 삼으라. 뭐든지 적당하게 하고 말겠다고 생각하는 순간, 일에 대한 흥미는 급속도로 떨어지고 결과는 별 볼일 없어질 것이다. 인간이란 본래 놀이하는 행위 자체를 즐긴다. 우리가 게임이나 스포츠에 열광하는 이유는, 그런 활동들이 놀이를 좋아하는 인간의 속성을 충분히 발휘하게 하는 묘한 특징을 갖고 있기 때문이다.

놀이하는 본성을 최고로 활용할 수 있는 방법은 당신의 일생이나 일년 혹은 일일 목표 속에 의도적으로 위대함이나 완벽함 혹은 최고를 담는 것이다. 그럴 때 인간은 끊임없이 최고를 향한 게임에 자신을 던지게 된다. 이렇게 생활하면 일하는 행위 자체가 일종의 게임 혹은 경기로 바뀔 것이다. 이런 경지까지 자신을 끌어올리면 물질을 추구하지 않더라도 풍족한 물질이 주어질 것이며, 명성을 추구하지 않더라도 대단한 명성이 뒤따르게 될 것이다.

당신의 가슴과 두뇌 속에 위대함을 향한 열정을 품으라. '이 분야에서만큼은 최고가 되고 말 거야'라는 각오를 다지라. 앞을 향해 계속 나아갈 수 있도록 부추기는 힘은 바로 위대함을 향한 열정이다.

나는 '나라는 존재는 대체 어디까지 갈 수 있을까?' 생각하며 그 한계를 실험해 보고 싶은 욕망을 강하게 느낄 때가 많다. 그래서 하루, 일 주일, 한 달, 일 년을 더 나은 목표를 향한 게임을 하는 제한된 시간으로 느끼게 된다. 그러니까 시간을 정해 놓고 더 높은 목표를 향해 나아가는 경주를 하고 있다고 생각한다. 그 결과 내가 가진 다양한 창조적인 에너지를 한껏 분출할 수 있게 되고, 그런 에너지를 더 많이 발휘할 수 있는 방법을 찾기 위해 더 많이 노력하게 되고, 그 결과 자긍심이나 자신감을 차곡차곡 쌓아 가게 된다. 이런 삶은 타인에게 전혀 해를 끼치지 않으며 오히려 궁극적으로 다른 사람들과 사회를 도울 수 있는 방법 중 하나다.

젊은 날 다른 사람들이 모두 추구하는 수준 정도에 자신을 위치시키지 말라. 사회적인 동조 압력에 굴복하지 말라. 조선일보의 강인선 기자는 『블링크(*Blink*)』의 저자 말콤 글래드웰(Malcolm Gladwell)과 인터뷰한 적이 있다. "각 사회마다 '티핑 포인트(tipping point)'처럼 어떤 사회 현상이 전염병적인 변화가 일어나는 속도가 다르겠지요? 한국은 미국에 비하면 남의 눈을 더 많이 의식하는 사회거든요. '남들이 볼까 무섭다' 이런 식의 표현을 많이 쓰지요." 말콤 글래드웰은 여기에 흥미로운 대답을 했다.

> 사람들이 서로 아주 밀접하게 연결된 사회라면 전염이 더 신속하게 일어나겠지요. 한국은 초고속 인터넷 보급률이 가장 높은 나라지요? 역사상 오늘날의 한국보다 사람들이 서로 더 가깝게 연결되어 있었던 사회는 아마 없었을 거예요. 그런 의미에서 한국은 유행이나 아이디어의 전염성이 대단히 강력한 사회지요. 사회적 맥락과 문화의 차이는 중요합니다. 타인이 무엇을 하고 생각하는지에 더 신경을 쓰는 사회가 전염성이 강해요. 반면 개인적인 성향이 강한 사회의 구성원들은 다른 사람 말을 잘 듣지 않고 타인의 영향을 잘 받아들이지 않으려고 하니까 변화가 느리지요.
>
> 강인선, '누구나 궁금해하는 것을 쉽게 풀어쓴 게 성공비결',
『조선일보』, 2005. 12. 9.

자신만의 길을 선택하거나 남이 가지 않은 길을 걸어갈 때, 주위 사람들에게 격려나 칭찬을 받는 것은 예외적인 일이다. 오히려 남다른 길을 택한 사람에게 선의든 악의든 간에 평균으로의 복귀를 요구하는 요청이 많은 편이다. 그래서 웬만큼 자기 주장이 강하고 줏대가 강한 사람이 아니라면 자신만의 목표를 뚜렷이 세우고 나가기 어렵다.

원대한 목표를 가슴에 품고 사는 일은 다른 사람들의 눈에는 불경스럽거나 황당하게 보일 수 있다. 그럴 때는 자신의 선택을 당차게 고수할 수 있어야 한다. 피터 드러커는 자서전에서 열네 살 생일을 맞기 전에 그의 인생에서 일어났던 기념비적인 사건을 소개하고 있다.

1923년 11월 11일, 오스트리아의 공화국의 날. 합스부르크 왕가의 마지막 황제가 퇴위를 하고 공화정이 선포된 것을 기념하여 대다수 사람들이 모두 한 마음으로 행진을 시작했다. 그러나 드러커는 행진을 하다 말고 대열을 이탈해서 반대 방향으로 걷기 시작한다. 그는 당시 상황을 "심한 고독감을 느끼고서는 다시 그들과 합류하고 싶었다. 하지만 한편으로는 이루 말할 수 없을 만큼 우쭐한 기분을 느꼈다"고 회고한다. 이 의미는 무엇일까? 드러커의 부모는 예상보다 훨씬 일찍 집으로 돌아온 아들에게 "어디가 좋지 않니?"라고 묻는다. 드러커는 자신이 평생 어떻게 살 것인지 암시하는 말을 한다.

"최고로 기분 좋아요, 단지 제가 그들과 어울리지 않는다는 사실을 발견했을 뿐이에요." 그 차갑고 떠들썩한 11월의 어느 날,

나는 내가 구경꾼이라는 사실을 발견했다.

피터 드러커, 『피터 드러커 자서전(*Adventures of a Bystander*)』, p.27

이 메시지는 인간은 타인의 의견에 좌우되는 존재가 아니라 자기 의견을 만들어 내는 존재라는 것을 우리에게 가르쳐 준다. 물론 이런 특성은 어느 정도 타고나는 것이지만 만들어 내야 하는 것이기도 하다. 그냥 평범하게 사는 것이 좋다고 생각하는 사람들이 대다수인 사회에서 스스로 원대한 목표를 세우고 이를 달성하기 위해 젊은 날 자신의 에너지를 퍼붓는 일은 쉬운 선택이 아니다. 그러나 충분히 가치 있는 일이며, 긴 인생에서 두고두고 풍족한 보상을 받을 수 있을 만큼 귀중한 선택이다.

피터 드러커의 지적처럼 때때로 자신과 관련된 문제에 관한 한 구경꾼이 되라. 그러면 사물이나 현상을 다른 각도로 보는 특성을 지니게 된다. "젊은 날을 어떻게 살아야 할 것인가?"라는 질문에 대해서도 당연히 자신만의 길을 선택할 수 있게 될 것이다.

'이 분야에서만큼은 최고가 되고 말 거야' 라는
각오와 열정을 품으라

재미있게 일하는 법을 익히라

10

'10년 법칙'을 자기 것으로 만들고 싶다면 일이 놀이보다 재미있도록 만들어야 한다. 많은 사람들이 어떻게 그게 가능하냐고 반문할 것이다. 그러나 재미가 없으면 열정이 생길 수 없고, 열정이 없으면 평균 이상을 해낼 수 없다. 그저 남들만큼 할 뿐이라면 성공할 수 없다는 것은 너무나 당연하다.

9시 정각에 출근해서 6시 정각에 퇴근하면서 잘 살고 성공할 수 있다면, 이 세상의 가난이나 많은 비극은 사라질 것이다. 그러나 세상살이는 그렇게 만만하지 않다. 가까스로 평균을 유지하는 사람들은 '성실하다' 혹은 그저 '무난하다'는 표현 정도가 알맞을 것이다. 남들과 차별화될 수 있을 만큼 열정이 있는 것도 아니고 그저 남들 수준에 머물러 있다면 '10년 법칙'을 자기 것으로 만들기는 어려울 것이다.

　일을 재미있게 하는 방법에는 어떤 것들이 있을까? "피할 수 없으면 즐겨라"는 슬로건을 항상 자신에게 주지시키는 일을 게을리 하지 말라. 회사 업무는 대부분 피할 수 없는 일들이 많다. 그렇다면 자신을 설득하기 나름이다. "이것을 하지 않아도 괜찮을까?"라고 자문해 보라. "싫지만 해야 한다"는 대답이 돌아올 것이다. 그렇다면 자신을 설득하는 일만 남았다. 어차피 해야 한다면 즐겁게 하겠다고 다짐하면 된다. 사소하게 보이는 습관일지 모르지만 바라보는 관점에 따라 일하는 것이 천국과 지옥을 오가는 경험을 할 때가 많다. 일할 때 마음을 제대로 다스리지 못하면 스트레스는 스트레스대로 받고, 일은 일대로 엉망이 되는 경우가 많다. 그런데 신기하게도, 이처럼 즐겁게 하자라고 반복적으로 자신에게 들려주기 시작하면 실제로 즐겁게 일하는 것이 습관처럼 몸에 완전히 익혀지게 된다.

　매일 아침 백화점이나 음식점은 가게를 열면서 90도의 각도로 몸을 숙이며 "어서 오십시오. 잘 모시겠습니다"라고 인사한다. 처음에는 어색하고 힘들지만 계속 반복하다 보면 어느새 몸에 완전히 붙게 된다. 아내가 오랜 공직 생활을 마무리하고 '오월의 향기'라는 패밀리 레스토랑을 개업해서 처음 시작했을 때, 잘할 수 있을 것이라는 믿음은 있었지만 오랜 공직 생활의 틀을 어떻게 깨고 나가는지 관심 있게 지켜보았다. 틈만 나면 "어서 오십시오. 오월의 향기입니다. 정말 잘 모시겠습니다"라는 인사와 구호를 직원들과 반복적으로 실시하는 것을 보면서 완전히 자기 몸의 일부분으로 만들어 가는 것이 흥미로웠다. 습관의 힘과 반복의 힘이란 정말 대단하다는 사실을 거듭 깨우칠 수 있었다.

다음으로 권하고 싶은 습관은 이것저것 번잡하게 늘어놓지 않고 하나씩 집중하며 처리하는 것이다. 여기저기 손만 대고 미루어 놓는 것이 아니라 일단 한 가지 일을 손에 쥐면 집중해서 끝까지 마무리하는 습관을 가지면 도움이 될 것이다. 이것은 집중력을 키우는 데도 그만이고 성취감을 강화하는 데도 크게 도움이 된다.

이나모리 회장은 자기 경험을 섞어서 "우선 열심히, 그리고 한결같은 마음으로 파고들라. 그렇게 함으로써 고통 속에서 기쁨을 발견할 수 있다. '좋아하는 것'과 '몰두하는 것'은 동전의 양면과 같아서 그 인과관계는 순환한다. 좋아하기 때문에 몰두할 수 있고 몰두하면서 좋아하게 된다"고 말한다. '몰두한다'는 말은 '집중한다'는 뜻이다. 집중해서 파고들지 않고 건성으로 일하다가 말다가를 반복하는 것은 아무 도움도 되지 않는다. 이런 상태로는 아무리 오랫동안 일하더라도 성과는커녕 즐기는 단계까지 발전하기도 힘들다.

일을 즐겁고 유쾌하게 하는 또 다른 방법은 자신을 설득하는 일이다. 지금 해야 하는 일의 의미나 가치를 생각한 다음 자신과 소통하는 일이다. 인간은 의미를 소중하게 생각한다. 지금 고되더라도 자신 혹은 가족에게 의미 있는 일이라면 기꺼이 어려움을 감당하려고 한다. '그래, 이 일은 내게 이런 저런 의미가 있기 때문에 반드시 해내야 해'라고 자신에게 일의 당위성을 제시할 수 있다면 즐겁게 일하는 지름길이 된다. 긍정적인 면에서도 자기 합리화에 성공해야 하는, 일종의 자기 최면과도 같은 효과를 거둘 수 있다.

정해진 시간 동안 해야 할 일을 사전에 계획을 세워서 하는 방법도 도움이 될 것이다. 정해진 시간 동안 자신이 성취해야 할 목표를 정하고 그것을 이루기 위해 노력하는 습관을 들이면 도움이 될 것이다. 시간을 정하고 계획을 세우는 것은, 일을 게임처럼 할 수 있도록 돕는 방법이다. 그렇게 하면 스스로 성과를 측정할 수 있고, 자기 노력에 대해 평가를 내리는 것이 가능하다. 이때는 열심히 해도 불가능할 정도의 목표를 내걸고, 자신에게 더 열심히 노력해야 할 이유를 제시하고, 일하는 것이다. 마치 스코어를 갱신하기 위한 운동 선수처럼 행동하게 되는 것이다.

멋지게 마무리를 하고 나면 자신에게 보상을 주는 방법도 도움이 된다. 일종의 성과 보상 시스템을 자신에게 적용시키는 것이다. 일단 정해진 프로젝트를 최선을 다해 끝낸 후 자신에게 짧은 휴식을 줄 수도 있고, 여행 같은 것으로 보상을 줄 수도 있다.

더욱 근본적인 이유를 한 가지 들면, 우리 인생은 딱 한 번뿐이다. 누구나 즐겁고 유쾌한 인생을 살기를 원한다. 그러나 대부분의 시간을 투입하는 일이 즐겁지 않으면 어떻게 인생이 즐거울 수 있겠는가? 이렇게 생각하면 젊은 날부터 즐겁고 유쾌하게 일하는 방법을 익히는 것은 반드시 필요한 일이다. 세월이 갈수록 대충 일하는 사람이 열심히 일하는 사람을 도저히 당해낼 수 없다는 생각이 든다. 그러나 열심히 일하는 사람이라도 일 자체를 즐기는 사람은 이길 수 없다. 직장 생활의 초기에 일 자체를 즐겁고 유쾌하게 행하는 습관을 꼭 갖도록 하라.

10년 법칙을 자기 것으로 만들고 싶다면
일이 놀이보다 재미있도록 만들어야 한다

'손해 보고 있다'고
생각하지 말라

11

열심히 하다 보면 '내가 무엇 때문에 이렇게 열심히 해야 하나'라는 억울한 심정이 들 때가 많다. 아침 일찍 출근해서 별이 총총한 밤에 퇴근하는 일이 반복되고, 남들이 쉬는 휴일에까지 회사에 나와 일하게 되면, 이따금 '이렇게까지 해야 하는가'라는 생각이 들 때가 있을 것이다. 더욱이 직장 초년생이라면 단순 반복인 일도 많고, 위를 쳐다보면 언제 저 자리까지 올라갈 수 있을까 하는 회의가 밀어닥칠 때가 많다.

그러나 이때 내리는 선택이 전문인으로서의 성장에 결정적인 영향을 미친다. 게다가 '10년 법칙'의 성공 여부도 어떤 선택을 내리느냐에 따라 결정된다. 타인을 위해 일한다고 생각하면 항상 억울하다는 느낌을 지울 수 없다. 그러나 자신을 위해 일하고 있다고 생각하면 억울하다는 느낌은 생기지 않는다.

이 두 가지 선택의 차이점은 자신이 하는 일의 시야를 얼마나 넓게 잡는가에 달려 있다. 지금 일해서 당장 성과를 거둬들이려고만 한다면, 항상 보수가 부족하다고 생각되기 때문에 억울할 수밖에 없다. 이런 상태에서는 열심히 일하기 힘들다. 보수에 상응하는 적당한 수준까지만 일하게 된다. 일단 이런 자세나 마음가짐이 몸에 배면, 계속 어중간한 수준으로 살 수밖에 없다. 그러나 반대로 선택하면 모든 일을 자기중심으로 바라볼 수 있다. 아무리 사소한 일이 주어지더라도 그것은 나를 위한 투자 활동이라고 믿고 행동할 수 있다. 사람이란 남을 위해서라면 소홀히 해도, 자신을 위해서라면 전력투구할 수 있는 존재다.

지식 근로자들이 행하는 대부분의 업무는 두뇌와 관련된 활동이다. 두뇌 속에 거대한 지적 인프라를 깔아 가는 사업이다. 물리적이든 지적이든, 인프라를 구축하려면 오랜 시간이 걸린다. 자신의 성공이 장시간에 걸친 투자의 산물이라는 사실을 확실히 인식하면, 그 다음은 술술 풀리게 된다.

무엇을 생각하는지, 무엇을 보고 읽는지, 무엇을 경험하는지, 어떻게 행동하는지에 따라 우리는 자신의 두뇌 인프라를 만들어 가고 있다. 그렇기 때문에 인생은 온전히 자신에 대한 투자라고 볼 수 있다. 그러나 대다수 사람들은 이런 행위를 자신을 위한 투자라고 생각하지 못한다.

나는 인생에서 타인을 위해 일하는 때는 거의 없다는 점에 일찍부터 주목했다. 직장 생활을 하면서 다른 부서가 업무 협조를 요청할 때가 있다. 이럴 때면 어김없이 불평불만을 늘어놓고 빠져나갈 구멍을 찾느라 급급한 사람들이 많다. 그러나 소수이긴 해도 기꺼이 자기 시간을 내놓는 사람들이 있다. 언뜻 보면 타인을 돕는 행위지만 결국에는 자기 자신을 돕는 일이다. 자신의 경험과 지식을 넓혀 가는 것이기 때문에 타인을 돕는 일은 바로 자신을 돕는 일로 탈바꿈한다.

늘 손해 보고 있다는 생각하는 것은 위험하다. 그러면 건성건성, 대충대충 일할 수밖에 없기 때문이다. 자신을 그저 남을 위해 노동력을 제공하는 노동자로 여긴다면 그 인생도 그 수준에 머물고 말 것이다. 그러나 일에 대한 관점을 바꾸면 삶이 달라진다. '10년 법칙'의 핵심 중 하나는 집중적으로 자신을 위해 투자하는 기간이 필요하다는 점이다. 타인을 위해 일한다고, 늘 손해 보고 있다고 생각하면 헌신이나 집중 같은 단어는 당신 인생에 자리를 잡기 어렵다.

보통 사람들의 시야는 짧다. 당장 이익이 생기지 않으면 화내고 낙심하며 그만 두려고 한다. 그래서 그럭저럭 적당히 일하면서 시간을 보내게 되고, 그러다 보면 인생 수준을 한 단계 끌어올리는 일은 불가능하다. 젊은이들은 기성세대에 비해서 개인주의적인 성향이 강하고 계산에 밝다. 시간을 두고 숙성하기를 기다리기 힘들어하고, 빠른 시간 내에 성과가 나오지 않으면 안절부절못한다. 모든 것이 속도로 판가름 나는 시대를 고려하면 이러한 특성들이 도움이 되기도 하겠지만, 자기 역량을 강화하는 면에서는 치명적인 약점으로도 작용할 수 있다.

기업의 투자는 최소한 3–5년, 길게는 10년 정도 앞을 내다보고 이루어진다. 특히 새로운 수익원을 창출할 수 있는 분야에 대한 투자는 장기 계획을 갖고 이루어지게 된다. 언젠가 한 기업을 방문했을 때 기술 고문을 담당하는 엔지니어와 대화를 나눌 기회가 있었다.

저희는 지금 새로운 수익원을 찾기 위해 필사적으로 노력하고 있습니다. 주력상품이 경쟁력을 상실하게 되었을 때 얼마나 참담한 상황에 처하게 되는지 잘 알기 때문입니다. 지금 회사 형편은 넉넉한 편입니다만, 주력상품의 개발에 실패하면 기업은 언제 망하게 될지 모릅니다.

삼성전자에서 일할 때는 잘 몰랐습니다만, 이제 경영자가 되어서 그때를 돌이켜보면 그룹 전체의 명운이 걸릴 정도의 대형투자를 단행한 이병철 회장님 생각이 자주 납니다. 어떻게 그렇게 할 수 있었을까 하고 말입니다. 당대에 수익을 거둘 수 있는 가능성이 전혀 없는데도 그런 결정을 내릴 수 있었던 것이 놀라울 뿐입니다.

기업은 생존을 위해 길게 보고 행동하는 데 익숙하다. 그렇게 하지 않으면 망할 수 있기 때문이다. 기업사는 제대로 준비하지 않은 기업들의 몰락사로 점철되어 있다고 해도 과언이 아니다. 그렇다면 개인은 어떤가? 이제 곧 100년 인생을 살아야 하는 시대가 펼쳐질 것이다. 그 길고 긴 세월 동안 우리는 무엇을 해야 하는가? 젊은 시절 더욱 더 치열하게 도전하고 준비하고 만들어 가야 한다. 내 사업을 하는 것처럼 일하지 않으면 훗날 자신을 기다리는 인생은 쓸쓸함과 불안함이 될 것이다.

멀리 내다보고 살라. 멀리 내다볼 수 있다면, 결코 내가 손해 보고 있다는 생각을 하지 않을 것이다. 그런 생각을 할 필요도 없다. 어린 시절 어머니는 항상 나에게 "배워서 남 주지 않는다"라고 말씀하셨다. 학교 시절부터 직장 초년생에 이르기까지 나는 정말 많은 것을 배우려고 노력했다. 그것이 나를 보호해 줄 수 있는 유일한 방패막이라고 생각했기 때문이다. 지금도 마찬가지다.

10년 법칙을 내 것으로 만들고자 한다면
집중적으로 자신을 위해 투자하는 기간을 가져야 한다

긍정적인 사고를 가지라

12

겨울이 깊어가는 밤, 말단 은행원으로 출발해서 최고의 자리에 오른 다음에 사업으로 큰 부를 축적한 분을 우연히 만나서 대화를 나눌 기회가 있었다. 70대 초반인 그분은 6.25가 터졌을 때 열일곱의 나이로 남한에 내려 왔다고 한다. 전쟁 통에 아버지가 돌아가시고 자신에게 남겨진 것은 여동생들과 어머니로 구성된 부양가족들뿐이었다. 학업을 중단하고 생계를 유지하기 위해 나선 그는 절망과 참담함, 도저히 끝이 보이지 않는 실망을 느꼈다고 회고했다.

그분과의 대화는 이미 출간되었지만 대화를 나눌 때 마지막 교정을 하고 있던 책, 『부자의 생각 빈자의 생각』이라는 이야기에서부터 시작되었다. '빈자의 생각'이라는 대목 때문에 그분은 자신의 경험담을 술술 풀어 놓았다. 은행원 생활을 하면서도 그는 맞벌이 부부의 수입 중 5분의 4를 저축했고, 오늘날 사업을 하면서도 여유 있는 노년을 보낼 정도로 부자가 된 계기를 이렇게 말했다.

> 3년 동안 일하다가 Y고로 복학하게 되어 3년 후배들과 함께 학교를 다녔습니다. 일을 하면서 늘 하던 생각은, '이렇게 살다보면 평생 동안 가난의 늪에서 빠져나올 수 없을 것'이었습니다. 힘들더라도 낮에는 배우고 밤에는 벌어야겠다는 생각을 갖고 복학했습니다. 이것이 제 인생에서 큰 분기점이 된 것 같습니다. '이렇게 살다 가서는 안 되겠다. 자식들에게 가난을 물려주어서는 절대 안 된다'는 결심 말입니다. 이런 생각을 선택한 것이 제 인생을 완전히 바꾸어 놓았습니다. 공 박사님 말처럼, 세상에는 정말 부자의 생각이 있고 빈자의 생각이 있다고 봅니다. 저는 젊은 날 부자의 생각을 선택했고 그로 인해 오늘에 이르게 되었습니다.

생각은 자신이 선택하는 것이지만 그 생각의 선택이 운명을 좌우한다. 어떤 생각을 품느냐에 따라 삶은 완전히 다른 경로를 밟게 된다. 타인에게 책임을 돌릴 수도 있고 사회 구조에 그 원인을 돌릴 수도 있다. 무엇을 선택하든지 결국 그 선택의 결과에 대한 책임을 지는 것은 자기 개인이다. '10년 법칙'을 통해서 자기 삶을 바꾸기를 바라는 사람이라면 삶의 주체는 자신이라는 사실을 믿을 것이다. 스스로 자기 인생을 반석 위에 올릴 수 있다고 믿는 사람은 분명 그에 걸맞는 멋진 인생을 만들어 낼 수 있다.

생각이 가난하면 삶도 가난해지고 생각이 부유하면 삶도 부유해진다. 인간이란 결국 생각의 종합체이기 때문이다. 그분에게 하루 전날 아들이 졸업한 Y대 의대를 방문해서 행한 강연 말미에 나온 이야기를 들려주었다.

언제 강연 말미에 한 젊은이가 제게 이렇게 말했습니다. "저는 선생님과 달리 평등주의자입니다. 양극화가 날로 심해지기 때문에 적절한 조치가 있어야 한다고 생각합니다. 부잣집 아이들은 좋은 교육을 받고 가난한 집 아이들은 그렇지 않은 교육을 받는 것이 올바르다고 생각하지 않습니다.

그분은 이 말을 듣고 이렇게 되물었다. "수능시험 400점 만점에 390점 이상을 받아야 들어갈 수 있는 대학 중에서도 의대를 들어가서 공부하고 있으니, 그는 이미 부잣집 이상을 능가하는 유산을 받은 사람이지 않습니까? 그런 재능의 차이까지 어떻게 평등하게 만들 수 있다는 거죠?" 곁에 앉아 있던 부인은 한국의 최고 명문 학교들을 졸업하고 교직에 오래 몸담고 있다가 교장으로 은퇴하셨다. 부인은 이렇게 말했다.

가난은 나라도 구제하기 힘듭니다. 살면서 참으로 많은 사람들을 만났고, 저 역시 정말 가난한 집에 시집가서 말할 수 없을 만큼 심한 고생을 했었지요. 하지만 남의 도움을 받는 데 익숙해지면 영원히 가난의 굴레에서 빠져나올 수 없다고 생각합니다. 의타심처럼 무서운 것은 없어요. 여기 저기 돈을 쓰면 어떻게 부자가 될 수 있겠습니까? 학창 시절부터 저축을 시작해야 합니다. 그리고 아이들이 어릴 때부터 돈을 모으지 않으면 절대로 부자가 될 수 없습니다. '결혼 초기에는 조금 즐기고 나중에 모으지' 하면 돈을 모을 수 없어요.

'10년 법칙'은 주도적이고 창의적이고 적극적인 인간상을 요구한다. 수동적이고 반복적이고 소극적인 인간은 결코 '10년 법칙'을 소유할 수 없다. 직업 세계에서 그냥 수동적으로 있으려는 사람이 기여할 수 있는 여지는 거의 없기 때문이다.

'10년 법칙'의 초기 단계에서는 기존 정보와 지식, 경험의 습득 단계가 꾸준하게 이루어진다. 그러나 거기에만 머물러 있으면 전문가가 될 수 없다. 타인이 도저히 대체할 수 없는, 독창적이거나 독특한 '그 무엇'을 만들어 낼 수 있어야 한다. 자기만 할 수 있는 '그 무엇'을 만들어 내야만 전문가로서의 입지를 만들 수 있다. 기존 지식을 재조합하거나 재해석하지 않으면 새로운 것을 만들 수 없다.

그러기 위해서는 매우 적극적인 정신 활동이 있어야 한다. 단순히 관련 정보와 지식을 축적하는 일을 넘어서야만 가능한 일이다. 이 단계에서는 이제껏 알려진 정보나 지식을 모은 교재나 교안들이 별 도움이 되지 않는다. 이를 넘어서서 자신만의 목소리, 의견, 관점, 지식, 견해 등을 생성할 수 있어야 한다. 이런 프로젝트에 성공해야만 비로소 10년 법칙에 성공할 것이다.

건강한 사고를 정리하는 지적 투자를 행하라. 별 생각 없이 세상의 다수가 주장하는 말에 휩쓸리지 말고 자신만의 굳건한 사고 체계를 만들라. 직업 세계의 초기에 이 둘을 튼튼하게 다지는 것은 무엇보다도 중요한 일이기 때문이다.

10년 법칙은 주도적이고 창의적이고
적극적인 인간상을 요구한다

사소한 것은 없다

저녁 늦게 한 지방 도시에 도착했다. 저녁 강연을 위해 친구 P가 마중을 나왔다. 그는 나와 재수 시절에 만나고 서울 법대를 나와서 일찍 자리를 잡은 변호사다. 오랜만에 만난 친구와 강연장으로 이동하면서 이런 저런 이야기를 나누었다. 그는 재수 시절 우리와 친하게 지내던 친구들의 근황을 전해 주었다. 자연히 대화는 잘된 친구들보다 예상 밖으로 어려움을 겪고 있는 과거의 기대주 H, L, K의 이야기로 흘러갔다. 세 사람이 겪는 어려움은 매우 안타까운 일이었다.

공직을 꿈꾸면서 특별한 학교에 입학한 H는 당시로서는 보기 드물게 영어가 능숙한 재원이었다. 외모도 훌륭했기에 누구도 그가 한 자리 차지할 거라 믿어 의심치 않았다. L은 쟁쟁한 학우들을 모두 물리치고 늘 다섯 손가락 안에 들었던 친구며, 서울 법대를 우수한 성적으로 입학했다. 그러나 사법 고시에 합격하지 못해 힘겨워하다가 한 기업에 입사했지만 구조조정의 후유증을 앓았고 결국 재기에 성공하지 못했다. K는 둘째 가라면 서러워할 호인이었지만 최근 투자 실패로 자신뿐 아니라 친인척들에게 커다란 피해를 주었다. P는 친구들의 이런 저런 근황을 소개하면서 이렇게 말했다.

"40대 중반이 되어 돌아보니 선전하리라 기대했던 친구들이 예상외로 고전을 면하지 못하는 경우를 많이 보게 되더라. 이따금 그 이유를 생각해 보는데, '야무지지 못하다'는 것도 한 가지 이유가 아닌가 싶어. 아무리 생각해도 H, L, K가 그렇게 된 것은, 그 이유를 빼고는 설명할 수가 없거든. 앉을 때 앉고, 설 때 서고, 나갈 때 나갈 수 있는 지혜라고 할까. 그런 것들이 그들에게는 약간 부족했던 것 같아. 얼마든지 야무질 수 있고, 그것도 습관으로 만들 수 있는데.

기회는 누구에게나 오는 것 같아. 하지만 대다수 사람들은 그것이 기회인지 알아차리지 못하지. 설령 기회를 알아 봤더라도 자신이 만들어 놓은 것에 연연하기만 할 뿐, 잡고 있는 밧줄을 놓고 거친 변화의 물결 속으로 자신을 내던질 만큼 용기와 지식을 갖춘 사람은 정말 드물어. 그래서 나는 기회를 포착하고 결단할 수 있는 결단력을 또다른 성공 포인트로 들고 싶다."

P가 친구들의 모습을 보면서 내린 두 가지 성공 요소는 '야무짐'과 '결단력'이다. 나는 친구의 이야기를 곰곰이 생각했다. 그리고 나 자신에게 물었다. "나는 어떻게 살아왔는가?" "나는 성취하는 인생을 살고 있는가?" P의 이야기는 진실의 한 단면을 정확하게 지적하

고 있었다. 때로는 실수하고 남에게 속기도 했지만, 정말 인생에서 실패할지도 모른다는 위기감을 떨치지 않았기에 매사를 야무지게 다지고 또 다졌던 순간들이었다. 한 번도 그 자리에 그냥 머물러 있고자 하지 않았다. 늘 도전했고, 작은 기회라도 주어지면 마치 지상에서 마지막 기회라도 되듯이 그것을 잡기 위해 절박하게 뛰었던 젊은 날들을 생각하자 나도 모르게 애절한 마음이 들었다. 그래서 더더욱 P의 이야기가 가슴에 남는다. 지금도 안심하고 느슨하게 살지 않는다. 삶은 늘 현재 진행형이기 때문이다. 물론 젊은 시절에 비하면 여유를 누릴 수 있지만, 내게 있어 삶은 여전히 어렵다.

결단이라 부를 수 있을 만큼 큰 기회도 있고, 기회라고 부르기조차 무색한 작은 계기도 있다. 젊은 날 열심히 살다보면 이런 기회들이 오기 마련이다. 그러나 마음의 준비를 하지 않으며 기회가 와도 그것이 기회임을 깨닫지 못한다. 괴테는 "눈앞에 있는 것 중 무엇이 옳은지 분간하는 일이 가장 어렵다"고 말했다. 기회인지 아닌지 분간하는 일도 그럴 것이다. 많은 사람이 기회를 기회라고 인지하지 못한다. 『왜 나는 눈앞의 고릴라를 못 보았을까(Did you spot the Gorilla)?』의 저자 리처드 와이즈먼은 "모든 사람에게 존재하는 심리적인 '맹점'은 눈앞에 뻔히 보이는 기회와 복잡한 문제를 풀 수 있는 간단한 해결 방법, 우리 삶을 바꿔 놓을지도 모르는 행운의 기회를 놓쳐 버리게 한다"고 지적한다.

기회는 샤워하는 중에 떠오를 수도 있고, 우연히 지나가는 길거리에서 마주칠 수도 있다. 따분한 회의장에서 동료의 우연한 한 마디에 들어 있을 수도 있고, 지하철에서 뒤적이던 잡지 속에서 우연히 만날수도 있다. 그러니 늘 자기 일을 대하는 마음가짐을 바르게 하고, 자신이 추구하는 목적지를 제대로 알고 있어야 한다. 그러면 섬세하고 예리하게 주변을 관찰하는 능력을 키울 수 있다. 직업 세계에서 섬세함과 예리함을 갖고 줄기차게 목적을 추구하면, 기회를 잡을 수 있다.

훈련을 통해서 운동 능력을 향상시킬 수 있듯이, 기회를 잡고 도전하는 것도 일종의 습관이다. 작은 기회라도 인지하고 판단하고 도전하다 보면, 기회 포착 능력과 결단 능력 그리고 행동 능력을 키울수 있다. 이 상태를 반복하다 보면 기량이 쑥쑥 성장하고 있음을 깨닫게 될 것이다.

10년 법칙을 이루려면 아무리 작은 기회라도 놓치지 말고
인지하고 결단하고 그에 따라 행동하라

10년 법칙을
어떻게
완성할 것인가?

우리에게 남은 시간은 길다. 새로운 시대의 변화를 기꺼이 받아들이고 적응하라. 자신의 강점을 파악하고 그 위에 삶을 구축하는 노력이 필요하다. '10년 법칙'은 성공과 실패를 반복하더라도 하나의 목적지를 그리는 것이다. 낙심하거나 포기하지 말고 언제나 열정적으로 모든 상황에 맞서라. 당신의 '10년 법칙'은 아직 끝나지 않았다!

인생은 생각보다 길다

"딸의 인생은 깁니다. 어느새 여자가 될 것이고 사랑하고 결혼하고 엄마가 될 것입니다."

우연히 채널을 돌리다가 이 광고를 보면서 나도 모르게 '그래요. 내 인생도 정말 깁니다' 생각하고 혼자 웃었던 기억이 있다.

날마다 분주하게 업무를 해결하다 보면 점점 시야가 협소해진다. 먼 미래란 그야말로 먼 이야기, 남의 이야기일 뿐, 지금 당장 내게 주어진 과제를 해결하는 일도 벅찰 때가 많다. 두뇌 연구가들의 말에 따르면, 우리의 두뇌가 지나치게 스트레스를 받으면 큰 그림을 보지 못하고 아주 작은 영역에 관심을 집중시킴으로써 정작 중요한 것이 놓치게 될 때가 많다고 한다. 이를 두고 리처드 와이즈먼 박사는 "스트레스 상태에 놓이게 되면 우리의 두뇌는 중요하다고 생각하는 것만 보고자 하는 경향이 있어서 주위를 둘아 보는 것을 잊고 점차 돌아보지 않게 된다"고 말한다.

생활은 과거와 비교할 수 없을 만큼 편해졌지만, 글로벌 경쟁에 노출된 대다수 사람들의 삶은 엄청난 스트레스로 인해 눈앞에 당면한 과제 이외의 것에는 눈을 돌리기조차 힘든 상황이 되었다. 나이가 들수록 책임은 더욱 무거워지고, 성과를 내야한다는 압박은 더욱 커지는데 날로 분주해지는 일상 때문에 제대로 생각해 볼 겨를조차 없는 사람들이 많을 것이다

이럴 때면 "나는 몇 살까지 살까?"라고 자문해 보라. 80세, 90세, 100세라는 단어가 떠오를 것이다. 그래서 나는 입사 이후 10년이 지난 사람들에게, 남겨진 시간은 생각보다 길다는 것을 깨닫는 일이 무엇보다도 우선되어야 한다고 강조한다.

지나온 시간에 자긍심을 갖기보다는 아쉬울 때가 많고, 현재 상황에 만족하기보다는 불만스러울 때가 많을 것이다. 그러나 이런 주관적인 느낌이나 판단보다 앞서는 사실은, 앞으로 살아야 할 시간이 무척 길다는 것이다. 중년에 필요한 자각이나 각성은, 걸어온 시절보다 더 긴 시간을 혼자서 개척해야 한다는 사실이다. 단순히 '그렇다' 생각하고 그치지 말고 절박하게 이 사실에 대해 자신과 진솔한 대화를 나눠야 한다.

모든 일은 현주소에 대한 정확한 진단과 이를 뒤따르는 각성과 자각에서 시작된다. 조직 생활 이후를 여분의 시간이라고 생각하는 사

람과, 조직 생활 이후를 또 다른 시대의 개막이라고 생각하는 사람은 출발선부터 다른 것이다. 걸어온 세월만큼 가야 할 세월이 남아 있다면 얼마나 많은 변화를 경험하게 될 것인가. 이런 시대에서 스스로 인간적인 존엄성을 유지하고 경제력을 가지면서 즐겁고 유쾌하게 사는 일은, 오늘날 40대 이후의 사람들이 해결해야 할 가장 중요한 과제일 것이다.

당신은 지금 조직에 속해 있는가? 아니면 조직을 떠나 자기 사업을 하고 있는가? 조직에 속해 있든 속하지 않았든 상관없이, 앞으로 당신에게 주어진 긴 시간의 대부분은 조직을 떠난 시간일 것이다. 무리 속에서 자기 자리를 잡는 것이 아니라 무리를 떠나 궁극적으로 홀로서기를 하는 시간이 될 것이다. 홀로서기를 제대로 준비하고 있는 사람은 소수에 불과할 것이다.

과거는 어쩔 수 없다. 문제는 이제부터다. 우리가 통제할 수 있는 시간은 현재와 미래다. 어떻게 만들어 갈 것인가는 전적으로 자신에게 달려 있다. 생각보다 훨씬 긴 시간이 남아 있다는 사실을 기억하라. 조직 생활은 긴 인생에서 한 번쯤 거쳐야 할 통과 의례 정도로 생각하는 것이 좋다. 누구든지 한 번 정도는 통과하지만 그것이 결코 인생의 전부는 아니다. 중년의 '10년 법칙'은 이런 새로운 시대의 변화를 기꺼이 받아들이는 것부터 시작되어야 한다. 모든 것은 마음먹기에 달려 있다. 새로운 시작으로 볼 것인가 아니면 끝마무리로 볼 것인가는 자기 자신이 결정하고 책임지면 된다. 나는 조직 생활을 중요하지만 인생의 전체가 아닌 한 부분으로 정의하고 사는 사람이다. 과거를 되돌아보기보다는 개척해야 할 미래를 보고 살려는 사람이다. 이런 변화는 내게 거대한 각성의 순간 이후에 온 새로운 현실이라고 할 수 있다.

중년의 10년 법칙은 새로운 시대의 변화를
기꺼이 받아들이는 것에서부터 시작된다

경험을 점검하라

급변하는 시장에 발맞추기 위해 기업은 사업 포트폴리오를 끊임 없이 변화시켜 나가야 한다. 소위 잘나가는 몇몇 상품에만 과도하게 의존하다가 제품의 수명이 끝나면서 기업의 운명도 결정되는 사례를 심심찮게 관찰할 수 있다. 기업이 새로운 영역을 개척하는 데는 두 가지 방법이 있다. 하나는 기존의 상품을 더욱 고도화하는 것이고, 다른 하나는 전혀 경험해 보지 못한 새로운 분야로 뛰어드는 것이다. 전문가들은 전자를 '존속적 혁신(sustaining innovation)', 후자를 '파괴 적 혁신(destructive innovation)'이라 부르기도 한다.

개인이 직업 세계에서 자신을 발전시켜 나가는 것도 기업의 형태 와 유사하다. 개인 역시 자신 있어 하는 분야가 세상의 변화와 맞물 려서 노후화되어 가는 것을 막을 수 없다. 그래서 끊임없이 자기 분야를 갈고 닦으며 세상의 변화와 맞추어, 아니 세상의 변화에 앞서서 바꿔 나가야 한다. 변화의 이유와 방법은 기업이나 개인이나 비슷하다. 수년전 『1인 기업가로 홀로서기』라는 책에서 이미 주장한 '스스로를 1인 기업 혹은 1인 기업가로 생각하라'는 세월이 갈수록 더욱 설득력 있는 주장으로 자리 잡아 가고 있다.

입사 이후 10년이 지난 사람이라면, 열심히 살았든 아니든, 특정 분야에 시간과 에너지를 쏟아 왔을 것이다. 체계적이고 조직적인 투자를 해 온 사람도 있을 것이고 이렇다할 계획도 없이 그냥 산발적인 노력을 해 온 사람도 있을 것이다. 현재의 자신은 결국 과거에 연속적으로 자신이 내린 선택의 결과물이다. 한 번 정도는 일부러 시간을 내어 자신이 걸어온 길을 종이에 적거나 컴퓨터 문서에 기록하면서 전체적으로 정리하는 것도 좋다. 그동안 주로 어떤 일들을 했는가? 지금 가지고 있는 이력서가 단조롭지는 않은가? 그 이력서를 더욱 세분화해서 활동별로 정리해 보면 여러 가지 생각들이 자연스럽게 떠오를 것이며, 지나온 시간을 찬찬히 정리할 수 있을 것이다.

정리하면서 자신이 믿고 싶은 자기 모습과 실제 자기 모습을 분리할 수 있어야 한다. 우리는 믿고 싶은 것과 존재하는 것을 잘 구분하지 못하는 경향이 있다. 하고 싶다는 바람과 할 수 있는 객관적인 능력에는 차이가 있다. 특히 졸업을 하고 직업 세계에 뛰어든 다음 자신이 한 일들을 중심으로 생각을 정리하다 보면, 지금 내가 무엇을 갖고 있는지 상세하게 정리할 수 있을 것이다.

이제까지 어떤 경험을 쌓았는가? 그 결과 지금 현재 무엇을 갖고 있는가? 입사 이후 10년이 지난 사람이라면 반드시 이 질문을 문장으로 정리하는 시간을 가져야 한다. 40대 전후 세대를 만나다 보면, 앞으로 무엇을 해야 하고 어떻게 살아야 할지 모르겠다고 어려움을 토로하는 사람들이 많다. 그러나 대부분은 그냥 막연하게 걱정하는 수준에 그치고 있을 뿐이다. 여기서 한 걸음 나아가 자신의 과거와 현재를 냉철하게 분석하는 작업을 먼저 해야 한다.

입사 이후 달려온 시간이 가져다준 경험, 지식, 정보, 인맥 등을 완전히 무시해 버리고 새로운 분야로 뛰어드는 것은 위험한 일이다. 특히 직장을 갖고 있는 사람들이라면 그동안 직장 생활에서 얻은 경험과 정보를 갖고 과거의 연장선상에서 자신의 미래 설계를 고려해야 한다. 대충 보면 아무것도 보이지 않는다. 아주 세밀하게 과거와 현재를 살펴봐야 한다. 그래야 자신이 알아차리지 못했던 부분까지 관찰할 수 있는 힘이 생긴다.

지식 근로자들의 일은 두뇌 속에서 이루어지는 변화와 깊은 관련이 있기 때문에, 과거의 경험을 완전히 버리고 새로운 분야에 뛰어드는 것은 힘들고 위험할 수 있다. 이따금 입사 10년이 훌쩍 넘은 사람들이 완전히 다른 분야로 이직하겠다며 조언을 구하는 요청을 받는다. 한 번도 경험해 보지 못한 분야가 가져다준다는 환상적인 결실에 눈이 먼 나머지, 자신의 객관적인 상황을 망각하고 주변의 권유에 휘둘려 잘못된 선택을 내리는 사람을 만날 때도 있다. 냉철하게 자신이 걸어온 길과 현주소를 파악하는 일은 아무리 강조해도 지나치지 않는다.

입사 이후 10년을 준비하려 한다면, 자신이 걸어온 길과 직간접으로 연결된 분야에서 또 다른 10년의 가능성을 모색하는 것이 바람직한 선택 중 하나일 것이다. 혹은 외견상 자기 분야와 직·간접으로 연관되어 있지는 않지만 10년의 직업 세계를 통해서 파악한 자신의 강점, 즉 핵심 역량을 중심으로 미래를 개척해 나가는 방법도 있다. 다른 사람들은 알아차리지 못했지만 자기는 스스로 어떤 능력을 갖고 있으며 무엇을 잘할 수 있는지 정확하게 파악한 경우에 해당한다.

'10년 법칙'을 이루기 위해서는 자기 강점 위에 삶을 구축하는 데 깊은 관심을 가져야 한다. 우리는 거의 평생 동안 일과 직·간접으로 관련된 생활을 하게 된다. 일이 재미가 없으면 인생도 시들해진다. 열정이 없는 곳에서 성공이 있을 수 없다. 그러니 열정을 가지고 재미있게 할 수 있는 일을 찾아야 한다. '10년 법칙'은 일정 기간 몰입하고 헌신할 것을 요구한다. 재능이 있는 분야에 몰입하고 헌신할 수 있는 가능성은 훨씬 더 클 것이다.

10년 법칙을 이루기 위해서는 자기 강점 위에
삶을 구축하는 데 깊은 관심을 가져야 한다

언제든
다시 시작할 수 있어야 한다
03

사람이 고난에 처하는 것은 정상적인 것이며, 명운이 순조로운 것이야말로 기이한 것이다(人因乃正 命順乃奇). 사람의 일생은 위기로 가득 차 있다. 항상 어떻게 대응하느냐가 밑바닥을 탈출하는 관건이 된다. 인생의 역경과 순리를 정확히 인식한 후에는 하늘과 사람을 원망하거나 자포자기하지 말아야 하니, 이것이야말로 환상을 버리고 현실을 직시하는 이성적인 행위다. 적극적이고 진취적인 태도는 어떠한 고난이 닥쳐도 압제에 굴하지 않도록 해 주며, 흔들리지 않는 마음가짐 또한 행동을 질서 있게 하고 극단에 빠지지 않도록 해 준다.

우연히 『멈춤의 미학(止學)』라는 책을 읽다가 눈에 들어온 한 대목을 옮겨 보았다. 성장하려면 위험을 감수해야 한다. 그러다 보면 일생일대의 위기 상황에 처하게 될 수도 있다. 특히 40대 전후의 나이에, 그동안 일했던 분야를 떠나서 새로운 시도를 하는 사람 중 성공하는 사람은 소수일 뿐이다. 설령 그런 경험들이 훗날 큰 도움이 된다 하더라도 부양해야 하는 가족을 가진 상황에서 어려움에 처하면 마치 모든 것을 잃고 벼랑 끝에 선 기분일 것이다. 나 역시 그런 어려움을 겪었기에 예사롭게 여겨지지 않는다.

위기는 여러 가지 모습일 것이다. 오랫동안 몸담은 직장을 떠나서 자기 사업을 하다가 좌절하는 경우도 있을 것이고, 구조조정의 한파 속에서 본의 아니게 조직을 떠나야 하는 경우도 있을 것이다. 구체적으로 어떤 모습이든지, 한 개인에게는 커다란 위기임에 틀림없다. 이런 어려움을 당하는 사람들은 당황한 나머지 오랫동안 실의에 빠져 헤어나지 못하는 경우도 발생한다.

언젠가 제주도에서 열렸던 〈부품소재 우수 기업 초청 강연회〉에 참석했다. 강연을 마치고 반가운 사람을 만났는데, 모 대기업에서 10여 년 일하다가 벤처붐에 편승해서 이직한 후 크게 실패를 맛본 분이다. 그러나 그런 어려움을 경험하면서도 좌절하지 않고 꿋꿋하게 재기하여 외형 100억원이 넘는 기업을 일구어 낸 사람이다.

언젠가 한 번 뵙고 싶었습니다. 잘나가는 직장을 그만 두고 옮긴 벤처 기업에서 크게 실패한 후에 좌절과 실의에 빠져 있었습니다. 그때 마침 선생님의 책 『공병호의 자기경영노트』를 읽고 재기의 발판을 마련할 수 있었습니다. 원인은 외부에 있는 것이 아니라 내부에서 문제 해결책을 찾아야겠다고 결심했습니다. 아무튼 선생님 덕택에 큰 도움을 받았습니다.

한 번 호된 어려움을 경험하고 나니까 이제는 어떤 어려움이 오더라도 견딜 수 있겠다는 자신감이 생겼습니다. 그 시련을 경험하면서 어느 정도 사업 기반을 닦을 수 있었고, 무엇보다도 어떤 어려움도 슬기롭게 넘길 수 있는 자신감과 자긍심이 생겼습니다.

우리는 살면서 다양한 위기를 경험한다. 설령 지금은 아무 위기가 없을 수도 있지만, 날로 변화무쌍해지는 사회의 특성을 고려할 때 직업과 관련해서는 다양한 도전이 있을 것임에 틀림없다. 탄탄하게 보이기만 하던 직장이 하루아침에 사라질 수도 있다. 몸담고 있던 조직이 어느 대형 회사에게 흡수, 합병되면서 구조조정의 대상이 될 수도 있다. 자기 사업을 하는 사람이라면 더더욱 급격한 변화를 맞을 것이다. 안전이란 것을 기대하기 어려운 시대다. 글로벌화의 거친 파고, 시시각각으로 변하는 고객들의 욕구와 필요, 어디서 불쑥 튀어나올지 알 수 없는 경쟁자와 경쟁 상품들. 이런 변화들은 단순한 위협이 아니라 생계의 기반을 날려 버릴 수 있을 만큼 치명적인 도전이 될 수 있다.

이런 어려움에 부딪치면 사람들은 마치 세상이 멸망한 것처럼 절망한다. 어찌할 수 없는 당혹감 때문에 지나친 스트레스에 노출되고 급기야는 건강까지 해치는 경우를 많이 보았다. 만일 이런 절체절명의 위기를 만난다면, 스스로 다시 시작할 수 있어야 한다. 세월이 흘러가고 나면 그런 경험들이 모두 도움이 된다는 사실은 단순한 미사여구나 말의 성찬이 아니다. 그것은 인생의 진실이다.

이런 위기를 '10년 법칙'이란 차원에서 보면 어떻게 이해할 수 있을까? '10년 법칙'은 직선 코스가 아니다. 상승과 하강을 반복하더라도 하나의 목적지를 향한 추세를 그리는 것이다. 시야를 조금만 넓히고 관점을 조금만 확장하면, 인생에서 경험하는 모든 일이 우리에게 도움을 준다.

위기의 순간에 담대히 박차고 전진하면서 후일을 기약할 수 있도록 자신을 추스르는 일은 무척 중요하다. 그런 어려움이 닥칠 때는 타인에게 도움을 청해도 소용없다. 해답을 제시할 수 있는 주체는 자기 자신밖에 없기 때문이다. 이런 상황을 통해서 자신이 몸담아야 할 분야나 추구해야 할 목적지를 더 확실히 알아낼 수 있다는 점에서, 위기는 분명 가치 있는 순간이다.

10년 법칙은 성공과 실패를 반복하더라도
하나의 목적지를 향한 추세를 그리는 것이다

디지털 시대의 '10년 법칙'

삶은 연속적이다. 최선이 있으면 차선도 있다. 소수이긴 하겠지만 입사 이후 '10년 법칙' 을 실천에 옮겨 자기 분야를 성공적으로 개척한 사람들은 40대 이후에도 멈추지 않고 질주하는 삶을 살 것이다. 자기 분야에서 부와 명성을 거두어들이는 일도 가능할 것이다. 지식의 성장 속도가 체증하기 때문에 노력을 더하면 더할수록 도저히 다른 사람들이 따라올 수 없을 만큼 고속 성장을 계속할 것이다.

그러나 이들처럼 제대로 준비하지 못한 사람들은 어떨까? 우선 입사 이후의 10년간의 생활에서 별 변화를 감지할 수 없다. 그림으로 보면 좌표를 오른쪽으로 옮긴다고 생각하면 된다. '입사와 동시에' 로부터 '지금부터' 라는 표시와 함께 '10년 법칙' 의 그래프 자체를 왼쪽에서 오른쪽으로 이동시키는 것으로 이해하면 될 것이다.

하지만 출발선이 다를 뿐 '10년 법칙'은 누구에게나 유효하다. 다만 과거와 비교해 보면 자신을 위해 투자할 수 있는 시간이 적어진다. 조직에 있다면 중간 간부로서 자기 역량 개발 외에 공동의 목적을 이루어 내기 위해 투입해야 할 시간이 만만치 않다. 게다가 사회생활이 계속될수록 자신에게 요구되는 사람들 사이의 관계를 유지하기 위해 적잖은 시간과 비용이 소요된다. 이처럼 자신을 위해 집중적인 선행투자를 해야 할 시기를 적절히 활용하지 못하면 치러야 할 비용이 만만치 않다. 즉 40대 이후에도 '10년 법칙'을 행할 수 있지만, 과거에 비해서 쉽지 않다는 점을 분명히 인식해야 하는 것이다. 다만 그 세대는 관련 분야의 경험을 어느 정도 축적해 놓고, 자기 분야에 관한 나름의 의견을 수립한 상태이므로 집중적인 선행 투자를 할 수 있다면 추가적으로 요구되는 시간을 단축할 수 있다.

'10년 법칙'의 본질은 특정인의 두뇌 속에서 이루어지는 활동과 깊은 관련이 있다는 점을 잊어서는 안 된다. 어느 분야를 더욱 발전시켜야 할지, 그러기 위해서는 어떤 재능이 필요한지, 그 재능을 더욱 정교하게 갈고 닦으려면 무엇을 어떻게 해야 하는지 정확하게 알아야 한다. 아는 데서 그치지 말고 행동함으로써 직접 자기 두뇌 속에서 이루어지는 변화를 주도해 나가야 한다.

행동하지 않으면 아무것도 얻을 수 없다. 생각하기는 쉽지만 그 생각을 행동으로 옮겨서 스스로 변화를 주도해 나가기란 여간 어려운 일이 아니다. 게다가 나이가 들면 집중력도 떨어진다. 가다 서다를 반복하다 보면 어느덧 지루한 일상 속으로 빠져드는 경험은 누구나 해 봤을 것이다. 무엇보다도 강력한 방해물은 스스로 나이 들었다고 체념하는 것이다. 더는 새로운 것을 만들기 위해 헌신하고 노력할 수 없다고 자포자기하는 것은 '10년 법칙'의 실현을 방해하는 가장 중요한 요소 중 하나다. 이는 고정관념이나 선입견의 모습을 띠게 되는데 중년 이후의 사람들에게 흔하게 나타나는 특징이다. '옛날에 알았다면 좋았을 텐데', '지금 와서 새삼스럽게 그것을 할 수 있을까?' 이런 마음가짐은 현상유지의 모습으로 드러난다. 지금보다 악화되지 않기를 바랄 뿐, 더 나은 상황을 만들어 내기 위해 고군분투하는 것이 불가능한 심적 상태다. 진정 두려워할 것은 과거에 놓친 기회나 현재 노력하는 것이 힘들다는 마음이 아니라, 나이가 들었으니 새로운 시도를 할 수 없다고 스스로 믿는 마음이다.

나는 이제 40대 중반이다. 엄밀한 의미에서 이야기하면 100년 인생에서 반환점을 채 돌지 않은 상태다. 내가 종사하고 있는 분야는 끊임없이 새로운 컨텐츠를 생산해야 하고 그것을 기반으로 고객에게 평가를 받아야 한다. 출판 시장은 두려울 정도로 글로벌 경쟁이 심하다. 게다가 종이책의 수요 감소에 관한 우려 등 컨텐츠 전달 방식이 앞으로 어떻게 변할지 누구도 정확하게 예측할 수 없다. 솔직히 항상 아슬아슬하다는 느낌을 갖고 있다. 끊임없이 변화를 읽기 위해 노력하지만 정확하게 어떤 변화가 밀어닥칠지 알기 힘들다. 그렇기 때문에 매일 매일 다트 게임을 하는 것처럼 최선을 다할 수밖에 없다. 번번이 성공할 수도 없고, 행여 실패하더라도 깔끔하게 털어 버리고 다시 시작해야 한다.

이처럼 변화무쌍한 환경에서 현상유지란 곧 몰락을 뜻한다. 영원한 은퇴를 결심하기 이전에는 현상유지라는 단어는 잊으라. 나이가 40이든 50이든 그것은 개인의 문제일 뿐이다. 자신을 세상의 변화에 맞춰 적응시키는 것은 자신의 문제일 뿐 어느 누구도 도와줄 수 없다. 적당히 살기 싫다면, 직업 전문가로서 성공하고 싶다면 굳게 결심하고 지금부터라도 '10년 법칙'을 만들어 내려면 어떻게 해야 하는지 생각하고 행동으로 옮겨야 한다.

'10년 법칙'은 정적인 관점이 아니라 동적인 관점으로 이해할 수 있다. 계속 자신을 계발할 수 있다면 얼마든지 시간을 줄일 수 있기 때문이다. 또 앞에서 살펴봤듯이 시간의 흐름과 함께 10년 터울마다 또 다른 모습을 더해 가기 때문에, 언제 어디서나 '10년 법칙'은 여전히 유효하다.

나이 들었다고 체념하고 자포자기하는 것은
10년 법칙의 실현을 방해하는 주요 요소다

배움에 열정을 가지라

05

시간이 흐르고 나이가 들면 학습에 대한 열의를 잃기 쉽다. 배움에의 열정을 잃어버리면 우선 자기 기량을 향상시키기 어려워진다. 학습에 대한 열의는 삶에 대한 열의로 해석할 수 있기 때문에 단순히 '배움에 게으르다'라고 해석할 수만은 없다.

최근 몇 달 혹은 몇 년 동안 당신의 학습 열의는 어떤지 생각해 보라. 그저 그렇거나 약해졌다면 그 이유를 찾아서 적극적으로 고치려 노력하라. 모든 것은 관심에서 출발한다. 배움을 무엇보다도 중요하게 생각하고 실천에 옮기는 사람은 지식을 축적하는 동시에 삶의 전반적인 의욕도 고취시킬 수 있다.

입사 후 10년을 훌쩍 넘겼다면 다음 세 가지 질문에 정확하게 답할 수 있는지 점검하라.

무엇을 배워야 하는가?

이를 배우기 위한 효과적인 방법을 알고 있는가?

이런 방법들을 개선하기 위해 시간이나 비용을 들이고 있는가?

세상 다른 일과 마찬가지로 학습도 절실하지 않으면 이루기 힘들다. 실제로 '10년 법칙'의 핵심은 학습을 뜻한다. 자기 분야에서 집중적이고 지속적인 학습을 효과적으로 할 수 있느냐가 승패를 좌우하는 핵심 사항이다. 어디를 향해 가야 할지, 이를 달성하기 위한 방법은 무엇인지, 방법을 개선하기 위해 어떤 노력을 기울이고 있는지 점검하는 것은 반드시 필요한 일이다.

컨설턴트 김경준씨가 산악인 엄홍길 대장과 나눈 대화록을 흥미 있게 읽었다. 엄 대장은 네팔어, 영어, 스페인어를 의사소통할 수 있는 수준으로 구사한다고 한다. 그 이유는 이러했다.

사실 나는 열심히 공부하지 않았다. 그러나 산을 타면서 내게 필요하다고 생각되는 지식은 필사적으로 습득했다. 언어도 마찬가지였다. 후아니토와 합동 등반하면서 영어를 사용하면 문제는 없었다. 그러나 스페인 사람들의 영어 실력도 뻔한 것이었기에 아예 내가 스페인어를 배우면 등반대의 팀워크와 의사소통에 큰 도움이 될 것 같았다.

네팔어는 처음 들을 때부터 자연스럽게 느껴졌고, 등반하기 위해서는 꼭 필요하다고 생각해서 배웠다. 네팔어는 교재가 없어

세르파들을 통해 실전으로 익힐 수밖에 없었지만 개인적으로 엄청나게 노력했다.

김경준, '엄홍길에서 배우는 정상경영학, 『이코노미스트』, 2005.11.22.

엄대장의 언어 습득에서 얻을 수 있는 교훈은, 배우는 사람이 학습의 필요성을 강하게 절감해야 한다는 점이다. 등반할 때는 목표를 같이하고 마음을 공유해야 한다. 그러기 위해서는 무엇보다도 원활한 의사소통이 필요하다. 이처럼 강한 필요성이 있었기 때문에 그는 새로운 언어를 학교가 아닌 현장에서 배울 수 있었던 것이다.

강한 필요성을 갖더라도 행동으로 옮기지 않으면 아무 소용이 없다. 엄대장은 적극적인 실천을 통해서 특정 지식을 자기 것으로 만들었다. 입사 후 10년이면 자기 기량 향상뿐 아니라 구성원들의 힘을 결집해서 공동의 성과를 만들어 내야 하는 리더십이란 면에서도 과제를 안고 있을 것이다. 자기 분야와 관련된 확실한 지식이야말로 부하들에게 긍정적인 영향력을 행사하는 동시에 리더십의 근간이 된다는 사실을 엄대장은 이렇게 말해 준다.

리더가 되려면 일단 많이 알아야 한다. 리더 한 사람이 모든 것을 알 수는 없겠지만, 필요한 만큼은 확실히 알고 있어야 한다. 산에 올라가는 등반대 대장이 산을 모른다면, 대원들을 제대로 끌고 갈 수 없다. 대장의 자신감과 통찰력은 산에 대한 경험과 지식이 뒷받침되어야 가능하다. 산을 제대로 알지 못하면서 의

욕만 가지고 덤비는 사람을 산은 가만 두지 않는다.

강한 호기심을 갖고 끊임없이 배우려고 노력하는 사람들은 주변 사람들에게도 긍정적인 영향을 끼친다.

육체적인 나이를 먹으면서 늙어 가는 것이 아니라, 배움에 대한 열의를 잃을 때부터 우리는 비로소 늙어 간다. 이따금 나는 중년이 넘은 사람들이 왜 학습 열의를 쉽게 잃게 되는지 생각한다. 물론 시간이 부족하거나 나태해서 그럴 수도 있다. 그러나 이들 못지않게 중요한 이유는, 학습이 주는 효과가 얼마나 대단한지 뼈저리게 체험하지 못하기 때문일 것이다. 배우고 익힌 것을 직접 실천에 옮겨서 유익을 체험했다면, 학습을 대하는 태도가 180도 달라질 것이다. 더욱 적극적으로 배우고 익혀서 실천한 후 경제적인 이득이나 개인적인 발전, 명성 등 자신이 추구하는 것을 얻는 데 큰 도움이 된다고 확신하면 누가 학습에 대한 열의라는 끈을 놓겠는가?

그러니 학습 효과를 직접 체험하도록 노력하라. 투자의 원리는 학습에서도 고스란히 적용된다. 학습에 투자하라! 그리고 직·간접 수익률로 그 효과를 체험하라! 지속적인 학습 동기를 자신에게 확실히 부여할 수 있을 것이다.

10년 법칙의 핵심은 학습이다
집중적이고 지속적으로 학습하라

자신만의 독특한
주력 상품을 소유하라

06

입사 후 10년에도 우리에게 주어진 과제는 자신의 주력 상품으로 무엇을 갖고 있으며, 그것의 수준을 끌어올리기 위해 무엇을 하고 있으며, 변화가 가져오는 주력 상품에 대한 도전을 어떻게 극복할 것인가이다. 직업인으로서의 영광과 좌절은 결국 주특기를 계발하느냐 못하느냐에 좌우된다고 해도 과언이 아니다.

지금 갖고 있는 것들이 3~5년 후에도 여전히 수요가 있을지 물어봐야 한다. 기업이 갖고 있는 상품과 마찬가지로 개인이 갖고 있는 상품 역시 수명주기나 시대 상황의 변화로부터 자유로울 수 없기 때문이다. 난공불락의 요새처럼 보이는 것들조차 고객의 취향이나 기술 변화에 따라 얼마든지 쓸모 없는 것으로 전락해 버릴 수 있다. 앞으로 웬만한 기능은 저가 공세에 시달릴 것이다. 게다가 완성품 시장에서 글로벌 소싱이 생활화되면서 기업들은 더욱 원가를 절감해야 하는 압박감에 시달리게 될 것이다. 뿐만 아니라 개인이 갖고 있는 주력 상품의 수명주기도 점점 짧아지고 있는 추세다. 독특한 자신만의 '그 무엇'을 제공할 수 없다면 언제든지 더 싸고 품질 좋은 것으로 대체되는 시대이기 때문이다. 이것은 그동안 성역처럼 여겨졌던 전문직의 세계에서도 예외가 없을 것이다. 자신의 몸값을 높이고 싶은 욕심을 갖고 사는 사람이라면, 각오를 단단히 하고 자신만 내놓을 수 있는 독특한 '그 무엇'이 무엇인지 고민하고 또 고민해야 한다. 미국 의사들이 당면하게 현실은 우리에게 안주하는 것이 결코 인정될 수 없는 것임을 가르쳐 준다.

『인터내셔널 헤럴드 트리뷴(IHT)』의 최근 보도에 따르면 미국인 칼로 기스림버티(60세)는 최근 인도 뉴델리의 한 병원에서 심장병 수술을 받았다. 5월 발병했을 때 그는 무보험자였고 미국 병원이 제시한 수술비는 15만 달러였다. 부인이 인터넷으로 이 병원을 알아냈고 그는 20일 후 수술을 받았다. 그의 수술비와 20일간 입원비는 1만 달러에 불과했다.

IHT는 "치료를 받기 위해 인도의 델리, 뭄바이 등을 찾는 외국인이 연간 15만 명에 이르며 매년 15퍼센트씩 늘어 2012년에는 의료 투어 사업 규모가 23억 달러로 커질 것"이라고 보도했다. 인도 경제에서 차지하는 비중이 정보통신 분야 다음으로 커진다는 것이다. 인도 산업연맹 관계자는 "인도에서 연간 6만 건

의 심장 수술이 시술된다. 고난도 수술을 선진국의 10퍼센트
정도 비용으로 받을 수 있어 외국인 환자가 많이 찾아온다"고
밝혔다. 인도 정부는 외교, 관광, 교통 등 관련 정부 기관 담당
자들로 '의료 투어 진흥팀' 까지 구성했다. 외국인 환자 및 보호
자용 비자를 발급하고 외국인 전용시설과 의사 확보 병원의 인
증을 담당할 기관을 설치하겠다는 것이다.

오대영, 「휴양+치료, 동남아 의료허브 뜨겁다」, 『중앙일보』, 2005.12.12.

나의 노동 강도는 무척 높은 편이다. 옛날에는 세월이 좀 지나고
기반을 다지고 나면 조금 여유 있게 살 수 있으리라고 기대했다. 그
러나 세상의 변화를 온몸으로 부딪히고 느끼면서, 그것은 영원히 불
가능한 꿈에 불과하다는 것을 깨달았다. 물론 대안은 있다. 일찌감치
활동할 만큼 일하고 난 다음에 완전히 은퇴하는 것이다. 그러나 그런
일은 가능하지도 않을 것이고, 전문가로서 일하지 않는 세상은 생각
조차 할 수 없기 때문에 오래 오래 자신이 종사하고 있는 분야에서
활동할 것이다. 그렇다면 나는 고객의 가치 창출을 위해 제공할 수
있는 능력을 갈고 닦는 일에 소홀해서는 안 된다. 일단 지불하는 가
격 대비 값어치가 떨어진다고 판단하는 순간, 고객은 다른 공급자를
찾아갈 것이기 때문이다.

분야를 막론하고 고객이 권력을 쥔 시대가 되어 가고 있다. 쓸쓸
한 노년, 가난한 노년을 원하지 않는다면 지식, 정보, 노하우, 인맥,
브랜드 그 무엇이든 간에 자기 분야에서 확실한 상품을 만들어 내야

한다. 한 가지 희망적인 사실은, 시장이 확대되고 정보비용이 줄면서 이전에는 공급될 수 없었던 상품들이 공급될 수 있는 길이 열렸다는 점이다. 요즘 경영학계에서 한참 논의되고 있는 이 현상은 '긴 꼬리 (long-tail)'라는 용어로 표현된다. 정상적인 현상의 경우는 대부분 평균값을 중심으로 좌우에 대칭적으로 분포되는 정규분포의 모습으로 나타난다. 신장이나 체중, 지능은 대개 정규분포로 평균에 대부분 밀집되어 있고 나머지 예외적인 것들은 일정한 규칙을 갖고 좌우대칭을 보인다.

그러나 정상적이거나 이상적인 상태를 가질 수 없는 현상에서는 몇 개의 굵직굵직한 사건들과 작은 사건들이 공존한다. 이것은 미래 직업 세계에서 시사하는 바가 크다. 글로벌 차원의 거대 기업들은 시장에서 압도적인 우위를 차지하지만 이들이 모든 일감을 독차지할 수는 없는 구조가 될 것이다. 다양한 직무가 소기업이나 프리랜서 같은 작은 기업에게 외주로 넘겨지는 현상이 발생함으로써 더욱 전문화와 분업이 발전될 것이다. '긴 꼬리'는 정보 비용이 줄면서 과거에는 생각할 수도 없었던 일들이 틈새 시장으로 형성되는 것을 뜻한다. 그렇기 때문에 확실한 주특기를 갖게 되면 큰 조직에 몸담고 있지 않더라도 새로운 시장을 형성해 낼 수 있는 가능성이 개인에게도 열리는 시대가 된 것이다.

몇백만 부씩 팔리는 베스셀러가 몇 권 있고, 덜 팔리는 책들의 긴 꼬리가 있다. 서가에 진열할 수 있는 책 종류의 제약이 있으므로, 서점은 일반적으로 가장 잘 팔릴 만한 책들을 보유한다. 가장 큰 서점도 13만 종 가량밖에 보유하지 못한다. 그러나 온라인 서점은 진열 공간에 제약이 없으므로 훨씬 폭넓은 책들을 제공할 수 있어서 긴 꼬리의 훨씬 아래쪽에서 시장을 열 수 있다. 이런 '긴 꼬리' 현상에 처음 주목한 크리스 앤더슨의 주장은, 덜 알려진 품목들에 대한 전체적인 수요는 매우 크며 점점 커지고 있고 인터넷을 통해서 취합될 수 있으므로 덜 알려진 책이나 음반 혹은 영화 DVD를 파는 것이 성공작들을 파는 것만큼 이문이 날 수 있다는 것이다.

'무명에서 이익을 남기기' 『이코노미스트』, 2005. 5. 7,
복거일, 『조심스러운 낙관』, p.86

글로벌화와 정보통신 혁명의 진전은 가혹한 글로벌 경쟁을 뜻하지만 다른 한편으로 시장 규모의 양적 질적 확대를 뜻한다. 과거 같으면 개인의 힘으로 개척하기 불가능한 틈새 시장이 개인에게 열리는 시대다. 거대 기업들이 압도적인 우위를 차지하는 속에서도 틈새는 곳곳에 열릴 것이다. 이런 틈새를 공략해서 자리를 굳건히 지킬 개인이 주도하거나 소수 인원으로 이루어진 조직이 주도하는, 초소형 기업이 부쩍 늘어날 것이다.

자신만의 주력 상품이 무엇인지 정확하게 알고 있어야 한다. 동시에 그 상품들을 둘러싼 환경은 어떻게 변하고 있으며, 그런 변화들이 주력 상품에 어떤 영향을 미치게 될지도 알아야 한다. 아는 것은 시작에 불과하다. 자신만의 주력 상품을 최고로 만들기 위해 얼마나 시간과 비용을 들이고 있는지도 수시로 점검하라. 그 상품들이 사양화되어 버린 후에 허둥대지 않기 위해서 미리 대비하는 자세와 마음가짐도 반드시 필요하다.

이런 것들을 하나하나 따지는 것이 무척 소심해 보일 수도 있고, 커다란 스트레스를 자신에게 가하는 것으로 느껴질 수도 있다. 그러나 이는 직업 세계를 떠나지 않는 한 평생 스스로 고민하고 노력해야 하는 과제다. 이 과제들을 생각하고 준비하다 보면 나이는 숫자에 불과하다는 것을 알게 될 것이다. 오직 준비, 준비 또 준비 외에는 다른 대안이 없다는 것도 알게 될 것이다. 준비하려면 무엇이 필요한가? 시간이 있어야 한다. 최고의 주력 상품에 모든 에너지를 쏟을 수 있을 정도의 시간이 있어야 한다. 이 일 저 일 때문에 분주하게 보낼 수밖에 없는 사람들은 그럴 시간이 어디 있느냐고 항변할지도 모른다. 그러나 스스로 선택하고 그 결과를 책임질 수밖에 없는 것이 인생이라는 사실만은 인정해야 하지 않겠는가.

10년 법칙은 직업인으로서 자신만의 독특한
'그 무엇'을 계발하여 소유하는 것을 요구한다

'자기경영'은 엔진이다

정성을 기울이지 않고 귀한 것을 얻을 수는 없다. 사회생활의 연수가 늘어갈수록 불안감과 초조함 때문에 힘들어하는 사람들도 많다. 나는 그때마다 "불안과 함께 갈 수밖에 없는 것이 인생입니다"라고 말한다. 이런 심적 상태를 벗어나서 씩씩하게 앞을 향해 달려갈 수 있는 방법은 없는 것일까? 나는 그 해답을 '자기경영'에서 찾고 싶다.

문제를 해석하고, 거기에 의미를 부여하고, 해결 방법을 찾는 주체는 다른 사람이 아닌 바로 자기 자신이다. 어떤 상황에 처하든, 스스로 문제를 해결한다는 확고한 생각을 갖고 이를 실천에 옮길 수 있다면 이 세상에서 어려움을 없으리라고 생각한다. 그러면 까닭 없는 불안이나 걱정으로 괴로워하지 않아도 될 것이다. 사람의 마음은 연약하기 때문에, 다부지게 자신을 다잡는 작업을 지속적으로 하지 않으면 외적인 문제에 휘둘리기 쉽다.

자기경영은 자신이 가진 자원을 목적 지향적으로 사용하는 일련의 활동이다. 어떤 삶을 살기를 원하는지 자문하고 자답하는 시간을 가져야 한다. 자기경영은 어떻게 살면서 궁극적으로 어떤 인생을 만들어 나가고 싶은지 스스로 확인하고 전진하는 데 큰 역할을 한다. 조직에게 비전이 필요하다면, 개인에게도 당연히 비전이 필요하다. 무엇을 향해 나아가야 하는지를 분명히 정리하고 있어야 한다. 단지 정리하는 데서 그치지 않고 일상생활에서도 장기, 중기, 단기 목표들을 적극적으로 활용할 수 있어야 한다. 하루하루 구체적인 목표를 정하고 이를 추진해 나가면서 평가하는 습관을 온전히 자기 것으로 할 수 있다면 어떤 세파도 헤쳐 나갈 수 있는 용기와 지혜, 자신감을 얻을 수 있을 것이다.

나는 아주 사소한 몇 가지 습관이 인생 자체의 성과를 결정한다고 믿고 이를 적극적으로 실천에 옮긴다. '10년 법칙'을 하루라는 관점에서 바라보면 하루하루 자신이 원하는 전문가의 단계로 뛰어오르기 위해 과연 어떻게 지내고 있는지와 깊은 관련이 있다고 생각한다. 하루라는 시간을 구체적인 목표 달성을 위한 훈련 기회로 받아들이고 노력한다면 우리 모두 장기적으로 원하는 결과를 얻을 것이다.

하루를 95퍼센트 정도 만족하며 살지 않고 마지막 5퍼센트까지 모두 다 연소시킨다는 각오로 생활하는 사람은 '10년 법칙'을 자기 것으로 만들 수 있다. 나름의 시스템을 완비해서 꾸준하게 반복하다

보면 어느덧 자기 것이 된다. 그러므로 새로운 자기경영 시스템을 마련해야 한다. 단순한 불안이나 특정한 계기 때문에 각오를 다지며 임한다고 해도 별로 달라지는 것은 없다. 작심삼일(作心三日)로 그칠 가능성이 높다. 그러나 새로운 자기경영 시스템을 마련해서 반복에 반복을 거듭하면 효과가 있다. 왜 그럴까? 형식은 내용을 규율하기 때문이다. 새로운 시스템을 반복하다 보면 어느새 새로운 시스템은 자신도 모르는 사이에 제2의 천성으로 자리 잡게 된다.

가능하다면 아침 기상 시간을 규칙적으로 유지하라. 그리고 그 시간을 조금씩 앞당기는 것도 도움이 될 것이다. 아침형 인간, 새벽형 인간이 다소 진부하게 들릴지 모르지만 아침을 장악할 수 있는 사람은 그만큼 자신의 목표에 한 걸음 다가설 수 있다. 사소하게 보일지 모르지만 아침 기상과 같은 자신과의 약속을 꾸준히 지킬 수 있는 것만으로 자신에 대한 것도 자신감을 쌓아 가는 과정이다.

이처럼 사소한 개인적인 습관이나 생활 패턴의 변화를 자신을 업그레이드하는 돌파구로 삼으라. 그리고 하루하루 자신이 반드시 이루어야 할 과업을 구상하고, 이를 기록으로 약속한 다음에 추진하라. 그 다음에는 반드시 평가를 통해서 자기 성취도를 측정하고 더 나은 방법을 찾아야 한다.

최근 나는 『공병호 자기경영 다이어리』와 같은 자기경영을 위한 구체적인 도구나 "공병호의 자기경영 아카데미" 등과 같은 시스템 마련 작업을 만들어서 교육 기회를 제공한다. 이런 노력들은 모두 동시대를 사는 사람들의 내면 세계를 개발하는 일에 도움을 주기 위한 것이다.

어떤 수단이나 도구를 사용하든지, "천리 길도 한 걸음부터"라는 속담을 반드시 기억하라. 먼 목표를 향해 항상 시선을 두되, 결국 하나씩 이루어지는 성취는 지금 이 순간 내가 무엇을 어떻게 하고 있는지에 달려 있음을 기억하라.

하루를 모두 연소시킨다는 각오로 생활하는 사람은
10년 법칙을 자기 것으로 만들 수 있다

젊게 생각하고 행동하라

08

입사 이후 10년을 통과하는 사람들이라면 다시금 호기심이라는 단어에 관심을 집중시킬 필요가 있다. 일반적으로 호기심의 대상은 세상의 일과 사물이다. 그러나 자기 자신에게 호기심을 갖는 것도 매우 중요한 일이다. 호기심은 자신이 추구하는 목표를 달성할 수 있는 가능성을 한층 높여 줄 수 있다.

기회는 특별한 것이 아니라 조금만 관심을 갖고 주변을 바라볼 수 있다면 얼마든지 찾아낼 수 있는 것이다. 세계적인 명성을 얻은 버진 그룹의 창업자 리처드 브랜슨이 어떻게 스스로 주변에 대한 호기심을 유지하면서 남들이 도저히 상상할 수 없는 아이디어로 자기 분야를 개척할 수 있었는지에 관한 사례를 우연히 읽은 적이 있다. 리처드가 지금까지 사용한 수첩만 100권이 넘는데 버리지 않고 다 간직

하고 있단다. 이처럼 자신이 주변에서 보고 들은 내용들을 통해서 생각하고 관심을 갖는 것을 자연스럽게 기록한 것이 무엇보다도 귀한 자산이라는 사실을 잘 알고 있기 때문이다. 부지런히 메모한다는 것은 자신에게 지적 진동을 제공하는 것과 같다. 다시 말하면 지적 호기심을 끊임없이 부추기는 대표적인 활동 중 하나다. 세상과 끊임없이 상호 작용하는 사람은 호기심을 갖고 유지하고 발전시키는 일을 습관처럼 자연스럽게 행하는 것이다.

젊게 살려면 우선 정신적인 젊음을 유지해야 한다. 젊은이들 못지않게 새로운 것을 배우고 싶은 욕망을 갖는 것도 중요하다. 젊은이들이 배우는 것은 모두 따라할 필요는 없지만, 새로운 기술적인 도구가 어느 정도 보편적인 것이 되어 간다고 생각하면 뒤쳐져서도 안 된다. 시대의 흐름을 헤쳐 가는 데 뒤떨어지지 않기 위해 꼭 필요한 것이라면 투자할 수 있으며, 무엇이든지 배울 수 있어야 한다.

호기심은 이 정도에서 그쳐서는 안 된다. 바깥에서 구하는 것 못지 않게 중요한 부분은 자신을 알아 가는 능력이다. 자기 내면 세계에 숨겨진 가능성을 주목하는 사람들이라면 세월에 관계없이 젊음을 유지할 수 있다. 그들은 자주 자신이라는 존재를 경외감의 눈으로 바라보는 사람들이다. 자신에게 감탄사나 경외감을 표현하는 것은 젊음을 유지하는 또 하나의 방법이다. 이들은 유연한 사고를 지니고 있기 때문에 주변의 젊은이들에게도 커다란 호평을 받을 수 있다. 젊은 사람들의 의견을 충분히 수렴할 수 있는 자세와 마음을 갖추고 있기 때문이다.

젊음을 유지하는 일은 이것만으로 충분하지 않다. "형식은 내용을 규율한다"는 격언처럼 정확히 나이에 비례해서 행동해야 할 필요는 없다. 나이를 떠나 자신만의 멋을 연출하는 것 또한 자신의 이미지를 바꾸어 가는 긍정적인 활동이다. 내면뿐 아니라 외모도 가꾸는 것은 커다란 경쟁력을 준비하는 것이다. 이처럼 나이 들어도 항상 젊게 살고, 늘 배움에 열려 있는 자세를 갖고, 새로운 것들을 배우고 익히는 데 항상 열심이며, 도전적이고 진취적인 자세를 갖춘 사람이라면 누구에게라도 환영 받을 것이다.

10년 법칙을 자기 것으로 만들고자 한다면
항상 호기심을 잃지 말고 생각과 행동을 젊게 하라

건강은 투자다

건강을 유지하는 일은 결국 우선순위의 문제다. 얼마나 중요하게 여기는가 아닌가의 문제며, 생각에만 그치는 것이 아니라 행동으로 옮기는 것에 달려 있다. 자리가 올라갈수록 직장에서 머무는 햇수가 늘어날수록 분주해진다. 반드시 처리해야 하는 일도 늘어나지만 자의반 타의반으로 행해야 하는 일도 증가하게 마련이다. 이런 와중에서 건강을 유지하는 일은 중장기적인 과제다. 당장 큰 문제가 생기지 않는 한 건강은 늘 우선순위에서 뒤로 밀릴 수밖에 없다. 대부분의 사람들은 건강에 심각한 문제가 발생한 후에야 후회하지만, 그 지경에 이르면 이미 원래 건강을 회복하기 어려울 때가 많다.

그렇기 때문에 건강과 관련한 문제에는 '투자한다'는 믿음이 필요하다. 당장 큰 도움은 되지 않는다 해도 미래를 위해 꾸준히 투자

한다고 생각하는 것이 우선적으로 필요하다. 다른 일과 마찬가지로 건강에도 "투자가 없으면 미래가 없다."

게다가 평균 수명도 늘어나는 추세이기 때문에 우리의 신체 장기는 과거보다 훨씬 더 긴 시간을 사용해야 한다. 그렇기 때문에 더욱 신체의 기능을 유지하고 보수하는 데 신경을 쓰는 것은 당연한 일이다. 그러나 어느 날 갑자기 크게 결심하고 노력한다고 해서 금세 건강이 좋아지는 것은 아니다. 건강은 개인의 습관에 크게 좌우된다. 긍정적이건 부정적이건 신체적 습관이 계속 축적되면 그 결과 건강에 이상이 생기는 경우가 빈번하다.

나는 목 디스크나 허리 디스크로 고생하는 사람을 많이 봐 왔기 때문에 무척 중요하게 생각하고 신경 써 왔다. 상식적으로 생각하더라도 모든 신경중추가 목 부분을 통과할 뿐만 아니라, 허리는 신체 활동의 근간이 되기 때문에 맨손 체조를 하는 등 주의를 기울였다.

그러나 내가 간과한 것이 있다. 오랫동안 컴퓨터를 사용하면서도 정작 손목과 어깨는 크게 신경을 쓰지 않았던 것이 불찰이었다. 어깨와 목 부위에 통증이나 뻐근함이 오는 빈도가 높아지는 것을 자주 느꼈다. 몸은 매우 정교한 기관이기 때문이 이상 증세를 미리 알려 주는 경우가 많다. 이런 예고를 놓치지 않는 일은 매우 중요하다. 그래서 평소에 섬세하게 자기 몸 상태를 관찰해야 한다. 신호를 무시하고 그냥 방치하면 상황을 크게 악화시키는 일이다.

몸에 이상 증세가 발생하지 않도록 노력하는 일이 최선이지만, '과민한 사람'이라는 평을 듣지 않는 범위 내에서 신체 변화를 주의 깊게 지켜보는 것이 좋다. 또한 그저 '앞으로 건강에 주의해야겠구나' 라고 판단하는 데 그쳐서는 안 된다. 행동으로 옮겨야 한다. 나이가 들면서 신체의 특정 부위에 조금이라도 이상이 오면 다소 민감하다는 평가를 듣더라도 전문가를 찾아야 한다.

예방조치를 확실히 취하는 일도 중요하다. 나는 전문병원을 찾아 몇 가지 진단을 받았다. 역시 예상대로 수년간 누적된 나쁜 습관 때문에 일종의 퇴행성 증세가 경미하게 진행되는 상태였다. 나는 의사의 조언도 받아들이고 직접 서적들을 읽으면서 다시는 그런 일들이 증세가 발생하지 않도록 조치를 취했다. 최적의 근무 환경이 가능하도록 컴퓨터 모니터와 자판의 위치를 고쳤다. 불과 몇 만원과 몇 시간을 투자하면 되는데 그러지 않고 방치해 둔 것을 반성했다. 그러나 경미한 증세를 통해서 주의하게 되고 몸을 고칠 수 있는 조치를 꾸준히 취함으로써 더 나은 상태를 만들 수 있었다. 그래서 나는 40대에 접어들면 건강과 관련된 몇 가지 사항을 확실히 인식해야 한다고 생각한다.

첫째, 나이와 함께 장기의 모든 기능이 저하되는 현상이 진행중임을 알고 있어야 한다. 목, 허리, 소화, 심폐 기능 등 어느 것 하나 나이와 함께 별다른 조치를 취하지 않으면 그 기능이 저하되는 '퇴행성' 증세를 경험할 가능성이 있다는 사실을 기꺼이 받아들여야 한다.

둘째, 건강은 돌발적인 상황의 결과물인 경우도 있지만 많은 경우 장기적으로 무심코 행하는 습관의 산물인 경우가 많다. 그래서 신체 부위의 기능을 특별히 저하하는 일을 피하기 위해 습관을 면밀히 관찰해야 한다. 특히 직장인의 경우 자기 직업과 관련해서 특별히 많이 사용하는 신체 부위는 특별히 관찰해야 한다.

셋째, 가능한 특정 신체 부위에 지나친 과부하가 걸리지 않도록 특별히 주의해야 한다. 어찌할 수 없는 경우라면 습관의 개조를 통해서 부하를 낮출 수 있는 방법을 찾아야 한다.

넷째. 평소 지나치다 싶을 만큼 자기 몸을 유심히 지켜볼 필요가 있다. 조금이라도 이상 증세가 있다고 판단되면 육감에 의지할 것이 아니라 전문가를 찾아야 한다. 건강을 예방하는 조치는 언제 어디서나 도움이 되는 일이다. 전문가의 조언에 따라야 한다.

다섯째, 약간의 이상이 있거나 기능을 개선해야 할 필요성을 강하게 느낀다면, 더 적극적인 조치를 취해야 한다. 적극적인 조치란 스스로 자신이 가진 문제에 대해 공부하고, 전문가의 조언과 자신이 행한 공부를 바탕으로 특정 기능을 강화하기 위해 노력하는 것이다.

여섯째, 우유부단함과 나태함은 건강의 큰 적이다. 그렇기 때문에 확실히 좋은 습관 몇 가지를 자기 것으로 만들어야 한다. 심폐 기능을 강화하기 위한 운동, 유연성을 강화하기 위한 운동, 근력을 강화하기 위한 운동 등, 중요한 운동 목록을 몇 가지 만들어서 수시로 확인하며 자기 건강을 돌봐야 한다.

끝으로 운동 결과를 조그만 노트에 꾸준하게 기록으로 남기는 일도 큰 도움이 된다. 기록하다 보면 좀 더 노력하게 되고, 자신이 어떻게 활동하고 있는지 알게 되기 때문에 건강을 유지하기 위한 자기의 현주소를 점검할 수 있다.

인명은 재천이란 말이 있듯이, 건강에서도 체질 같은 것은 우리 힘으로 어떻게 할 수 없다. 다만 할 수 있는 범위 내에서 최선을 다하는 것이 중요하다.

10년 법칙을 오랫동안 자기 것으로 만들고 누리려면
건강에 투자하라

원숙한 성공을 위하여

10

아버지를 생각할 때면 일본 오사카에서 열렸던 '엑스포 70'이란 행사가 생각난다. 그때 나는 초등학생이었다. 외국에 가는 일이 어려웠던 시절이어서 아버지의 일본행은 집안의 대단한 사건이었다.

열심히 사업을 넓히던 아버지는 앞을 향해 거침없이 달려가는 존재였다. 아버지에게는 어떤 어려움도 없는 듯했다. 어느 새 아버지의 연배가 되어 두 아이를 키우는 나는 '아버지는 어떻게 그렇게 씩씩하게 살아갈 수 있었을까?' '이런 저런 어려움을 견뎌 내면서도 어떻게 좌절이나 역경에 굴하지 않고 계속 전진할 수 있었을까?' 하는 의문이 떠오를 때가 많다. 아버지를 앞으로 나아가게 한 것은 일단은 살아남아야 한다는 사실이었을 것이다. 생존해야 한다는 절박감은 아버지로 하여금 열심히 노력하지 않을 수 없게 만들었을 것이다. 칠남매나

되는 자녀들에게 번듯한 미래를 물려주어야 한다는 강한 각오와 결의 또한 아버지로 하여금 항상 전진하게 하는 동기가 되었을 것이다.

어떤 사람은 가난 앞에서 굴복하기도 하고 역경 앞에서 무너지기도 한다. 그러나 모든 사람이 그런 것은 아니다. 어려움 속에서도 굴하지 않고 자기 인생을 반석 위에 끌어올리는 사람도 있다. 그 차이는 어디에서 비롯하는 것일까? 나는 지속적인 성취 동기의 부여에 성공할 수 있느냐에 달려 있다고 생각한다. 앞을 향해 나아가야 할 의욕과 열의를 부추기는 일은 무척 중요하지만 이를 체계적이고 조직적으로 실천에 옮겨서 효과를 보는 사람들은 많지 않다.

많은 사람들이 세월이 흐르면서 꿈과 비전을 잃고 현실에 안주하기에 급급한 존재로 전락한다. 그러나 나이와 무관하게 평범함을 넘어서 끊임없이 더 나은 곳을 향하는 사람들이 있다. 자신만의 독특한 성취 동기 부여법을 익히고 있는 사람이다. 『정상에서 만납시다』의 저자 지그 지글러는 책을 읽으면서 좋은 구절, 중요한 대목들을 거침없이 펜으로 표시한다고 한다. 그리고 그 책을 한 번 읽고 내버려두는 것이 아니라 자투리 시간을 이용해서 전에 흔적을 남겼던 대목들에 한 번 더 보면서 정상을 향해 다시 힘을 모으고 노력할 수 있도록 자신을 격려하고 성취 동기를 부여한다고 말한다.

지그 지글러의 이야기를 읽으면서 나 자신의 성취 동기법을 잠시 머리 속에 떠올렸다. 귀한 것들이 다 그렇듯, 세상과 맞설 수 있는 힘과 용기는 공짜로 주어지는 것이 아니다. 그것은 자신을 위해 행하는 일종의 투자 행위다.

인간은 투입하는 것에 비례해서 만들어지는 존재다. 자신에게 어떤 원료를 제공하고 있는가? 힘과 용기를 가질 수 있는 원료를 제공하면 가치 있는 것을 향해 나아갈 수 있을 것이다. 타고날 때부터 탁월한 성취 동기를 가진 사람이 아니라도 자신을 추스르고, 어려움에 맞설 수 있도록 자극하고, 용기를 갖고 앞을 향해 나아갈 수 있다. 그러기 위해서는 자신에게 용기와 희망, 의욕과 열정을 부여할 수 있는 책 읽기를 생활의 한 부분으로 삼아야 한다.

계속해서 처리해야 하는 업무, 날로 치열해지는 시장 상황, 개인적으로 미래에 대한 불확실함과 불안정감의 증가 같은 과제들을 씩씩하게 처리하는 사람이라면 자신을 격려하는 비법을 갖고 있어야 한다. 마음을 다스리고 원기를 회복할 수 있도록 돕는 습관을 갖고 있다면 큰 도움이 될 것이다. 이따금 나는 짬을 내서 책을 읽을 때면 마치 차를 주유소에 잠시 대고 난 다음에 연료 탱크를 보충하기 위해 주유기를 꽂은 상태를 머리 속에 떠올린다. 치열하게 세상을 사는 것은 가솔린을 태우는 것에 비유할 수 있을 것이다. 사용하는 것만큼 충전할 수 있어야 하고 나름의 충전 방법을 갖고 있어야 한다.

틈만 나면 몸을 움직이는 방법도 도움이 될 것이다. 심신이란 미묘한 균형 관계로 연결되어 있기 때문에 일정이 빡빡할수록 더 열심히 몸을 움직여야 한다. 기분이 좋아지고 의욕이 넘칠 때까지 기다릴 필요가 없다. 조금이라도 컨디션이 가라앉는다 여겨지면 즉시 몸을 움직이는 것이 큰 도움이 될 것이다.

자신을 격려하는 또 다른 방법은 항상 목표와 함께 생활하는 것이다. 목표를 정하고, 실천을 점검하고, 목표를 달성한 자신을 격려하고, 때로는 적절한 보상을 주는 것 역시 성취 동기를 부여하는 방법이다. 자신의 성취 동기 부여법을 점검하고, 부족하면 다른 사람들의 방법을 배울 수도 있다. 이것이 하나의 시스템으로 일상생활에 자리 잡으면 언제 어디서나 어떤 상황에서든지 자신을 추스를 수 있고 항상 힘차게 전진할 수 있을 것이다. 그런 사람들에게 육체적인 나이는 별 의미가 없다. 오히려 그들은 직업 세계에서 젊은 날보다 훨씬 원숙해지고 자신감을 더하면서 더 나은 미래를 꿈꾸며 전진할 수 있게 된다. 나는 이 책을 읽는 모든 사람이 세월과 함께 이렇게 자리 매김할 수 있기를 간절히 바란다.

책을 읽고, 운동을 하고, 목표와 함께 생활하라
세월과 함께 원숙한 성공을 이룰 수 있을 것이다

명품 인생으로
세상에
우뚝 서라!

크게 물려받은 지적·물질적 유산 없이 이 세상에서 생활의 기반을 닦고 자녀들에게 제대로 된 미래를 물려주는 일은 여전히 힘들다. 시야를 좁혀서 보면 유독 지금만 그런 것 같지만 예전에도 세상 속에서 자신을 일으키는 일은 늘 어려웠을 것이 틀림없다.

그러나 지금 우리는 전통적인 의미의 자본가가 아니더라도 스스로 지적 자본을 가진 존재로 자신을 만들어 갈 수 있는 시대를 살고 있다. 게다가 지적 자본의 중요성은 날로 커질 것이다. 부가가치가 인간의 머리 속에서 나오는 시대가 본격적으로 펼쳐지고 있기 때문이다. 그래서 자신이 하기에 따라 과거와는 비교할 수 없을 정도로 많은 기회를 잡을 수 있는 시대이기도 하다.

이 책을 읽는 독자들이라면 자신을 지식 근로자라고 칭할 수 있을 것이다. 나 역시 지식 근로자에 속하며, 직장 생활을 거쳐 자신을 일으켜 세우는 데 어느 정도 성과를 거두게 되었다. 물론 아직도 갈 길이 까마득하기 때문에 성공이란 단어를 붙일 수 없는 것은 너무나 명확하다. 나는 평범한 집안에서 평범한 실력을 가진 사람이 직업 세계에서 자신을 일으켜 세울 수 있는 방법을 생각해 왔고, 그 방법들을 익혀서 나 자신에게 열심히 적용했다. 그러다가 우연한 기회에 '10년 법칙'을 접하게 되었고, 이것이야말로 직업 세계에서 우뚝 서기를 원하는 사람들이 반드시 익히고 실천에 옮겨야 할 직업인의 성공을 위한 법칙이라고 확신하게 되었다. 그것은 내가 막연하게 추구해 왔던 삶의 방식이자 믿음 체계 가운데 한 부분이다. 그리고 그 동안 자기 분야에서 어느 정도의 입지를 굳힌 사람들에게서 관찰할 수 있는 공통된 현상들을 일반화해 놓은 것을 정확하게 담았다고 생각한다.

험난한 직업 세계를 사는 사람이라면 누구든지 직업인으로서 성공하는 방법을 정확히 이해하고 있어야 하고, 나아가 실천에 옮겨야 한다. 그렇게 하지 않으면 아무 생각 없이 생활하면서 귀한 시간을 헛되게 보낼 수도 있고, 몇 푼의 돈에 따라 메뚜기처럼 이곳에서 잠깐 저곳에서 잠깐 머물다가 시간을 흘려 보낼 수 있다. 당신이 '10년 법칙'을 더 정확하게 이해하고 두뇌 속에 진정한 혁명을 불러일으킬 수 있다면, 직업인으로서 뿐만 아니라 인생에서 절반의 성공은 확보한 것이나 다름없다.

세상은 아는 것만큼 보인다. 모르면 그만큼 뒤처질 수밖에 없다. 내가 뒤늦게 알게 된 '직업인으로서 자신을 세상에 우뚝 세우는 방법'을 당신이 정확하게 이해하기를 바란다. 당신의 나이가 얼마든지 간에, 생각보다 긴 시간이 남아 있음을 깊이 인식하고 자신을 명품 인재로 다듬고 만들어 가기를 바란다. 이 책은 당신의 그런 기대를 만족시키는 데 큰 도움을 줄 것이다.